平凡社新書
801

ぼくたちの倫理学教室

E.トゥーゲントハット
ERNST TUGENDHAT
A.M.ビクーニャ
ANA M. VICUÑA
C.ロペス
CELSO LÓPEZ
鈴木崇夫＝訳
SUZUKI TAKAO

HEIBONSHA

ぼくたちの倫理学教室●目次

1　いちばんひどい犯罪って何？

マヌエルは宿題をしていた。テレビの前には父親が座っている。強盗事件についてのニュースがマヌエルの耳に入ってきた。興味をひかれたマヌエルは、何が起きたのか知ろうと、テレビの近くに座りなおした――。泥棒たちがある家に押し入り、その家の主婦を縛《しば》り、布で口をふさいだ。不運なことに、泥棒がまだ家にいるあいだに夫が帰ってきた。犯行現場を目撃された泥棒たちは、警察が来たときにそなえて夫を人質に取ろうとしたようだ。けれどそれがうまくいかなかったとみえて、泥棒たちは夫を殺し、最後には結局その妻も殺した。

マヌエルはこのテレビニュースに強く心を揺さぶられた。布でおおわれた二人の死体と血にまみれた床まで目《ま》のあたりにしたのだからなおさらだ。

夜、ベッドに入ってからもマヌエルは、殺された夫婦のことがなかなか頭から離れなかった。いくつもの疑問が浮かんでくる。殺された夫婦には子どももいたのだろうか？　いたとして、その子どもたちは何を感じただろう？　帰るべき家庭をもたない子どもはみんな、犯罪者として人生を終えるしかなくなってしまうのか？　子どもがそうなってしまうのを避ける方法はなかったのか？　この最後の疑問がマヌエルの心をいちばん掻き乱し、マヌエルはそのあともずっと眠れなかった。

「きのうのニュース観た？」とマヌエルは翌日学校で友人たちに尋ねた。

「観てない」アルヴァロとセバスティアンは答えた。

「残酷な強盗殺人事件があったんだよ」とマヌエルは説明した。

「そりゃあるだろ。テレビはしょっちゅう強盗事件のニュースを流しているんだから」とセバスティアンが言った。

「でも、その事件はとくにひどいんだ」とマヌエルは言った。

そのときカミラや、グローリア、そのほか、女子のクラスメートがやって来た。そのうちの一人マルガリータが自分も家族といっしょにその放送を観ていて、父親がすごくショックを受けていた、と話した。命を落とした男性は昔、父親の上司だったことがあるからだ、と。

「ほんとうにひどい」とグローリアが言った。「あんなことはぜったい起きちゃいけないことよ。人間は、おたがいに愛し合い敬意を払い合うことを学ばなくちゃ」

「そうよ」とカミラは言った。「私もそう思う。しかも、無抵抗な人間を二人も殺すなんて、よけい残酷だわ」

「暴力沙汰には、いつもぞっとする」とイサベルが言った。「どうしてそういうことができるのか、私にはわからない」

「泥棒たちがそうしたのは、見つからないで逃げきるためにきまっているだろ」とアルヴァロが口をはさんだ。

「でも、人間を殺すことは犯罪行為よ。人ができることのうちで最もひどいことだわ」とグローリアが応じた。「その夫婦を縛っておくとか、やるんでも気絶させておくだけにすることとだって、泥棒たちはできたはず」

「殺すことはとくに残酷なことだって言うけど、いったいどうしてそう思うの？」とセバスティアンはカミラに尋ねた。

「だって、人を殺したら、考えられることのなかでいちばんの苦しみをその人に与えることになるからよ」とカミラは答えた。

「誰かがおまえを殺したとしても、おまえがそんなに苦しむなんてことはまずないよ」とアルヴァロは茶化《ちゃか》した。

カミラはその言葉にむっとした様子だったが、すぐに言い返すようなことはせずに、ちょっとのあいだ考え込んで、それから、ことさら平静に言った。「そうね、殺される人間がいつも苦しむとはかぎらないわね。あっというまに済んでしまうことだってあるものね。でも、少なくとも家族にとってはひどい苦しみのはずよ」

「それに、死ぬ人間にとってもやっぱり苦しいことだわ。だって、自分の家族ともう会うことができないんだもの」とグローリアが付け加えた。

「えっ、ほんと？　死人が生きてるときみたいに何か感じられるって信じてるの？」とセバスティアンが尋ねた。「死んだ人間が何かで苦しむなんて、ぼくはないと思うよ。死人はもう何も感じないんだから」

「そのとおり！」とアルヴァロは言った。「でも、家族のことは？」

「それはぼくにもわからない。だけど、殺された人がもうかなりの老人で、しかも子どもが一人もいなかったら？　それなら、その人のことで苦しむ人間は誰もいないんじゃない？　だとすると、人を殺すのはなぜわるいことなんだろう？」とセバスティアンは言った。

そうした可能性は、居合わせた全員にかなりのショックを与えた。グローリアだけはすぐにあることを思いついた。「人を殺すのがわるいのは、十戒に「殺すなかれ」とあるからにきまっているじゃない」

「まあ、それはそうだけど……」とセバスティアンはつぶやいたが、彼がそれに納得しているわけでないことはクラスメートたちの目に明らかだった。それでアルヴァロは急いで話題を替えた。「押し込み強盗がやって来たら、ぼくは、とにかくなんとしても自分と自分の家族を守ろうとするだろうな」

「たぶん、君の好きなランボー〔アメリカのアクション映画『ランボー』の主人公で、主人公を演じたのはシルヴェスター・スタローン〕みたいなやり方でだろ？」とマヌエルが冷やかし気味に言った。

「もちろーん！」とアルヴァロは応じて、目を大袈裟《おおげさ》にひんむいてみせた。

カミラは家に着くと、ウインドブレーカーを脱いで、カバンといっしょにソファーの上に放《ほう》った。

「もうすぐ食事の支度が済むわ」と母親が言った。「テーブルの準備をお願いね」

「はーい」カミラは台所へ入った。食器やナプキンを並べているあいだ、カミラは、セバスティアンが最後に言ったことを考えていた。ほんとうはカミラも、セバスティアンと同じようにグローリアの答えに満足してはいなかった。殺人がひどい犯罪行為であることはカミラにも明らかだったが、その理由についての説明には何かが欠けているような気がした。なぜかといえば、殺される人間はたいていほんのわずかのあいだしか苦しまないというのはそのとおりだからだ。

「お母さん、ちょっと訊《き》いてもいい？」

「何かしら」

「誰かを殺すのは、いったいどうしてひどいことなの？」

「ずいぶんと変わった質問ね」

「そのことについて学校で話し合ったの。私、どう考えていいのか、わからなくなっちゃった」とカミラは説明した。

「深く考えてみたことはないけど」と母親は語りはじめた。「それがひどいことなのは、私たちはみんな生きつづけたいと思っているからじゃないかしら。私が思うには、生きているということは私たちにとって最高によいことだわ。生きていられるということが、ほかの何よりも大切なのよ」

この答えはたしかに筋の通ったものにカミラには思われたが、それでも期待していたものとは微妙にちがっていた。けれど、それ以上尋ねる気持ちにはこのときにはなれなかった。

少しして父親が食卓にやって来た。カミラの叔父もいっしょだった。この叔父はカミラの両親よりもはるかに若い。家に来てくれるたびに、カミラは大よろこびだ。

「こんにちは、叔父さん！」とカミラは叫んで、叔父の首に抱きついた。挨拶のあとで皆が食卓についた。食事のあいだ、両親は叔父と、叔父の仕事について笑顔で話していた。カミラはじっと耳を傾けるだけにしていた。話が一段落したとき、叔父はカミラに、学校のほうはどう、と訊いた。

「まあまあ」とカミラは答えた。でもこのたわいないやりとりですらカミラに、クラスメートたちとの会話を否応《いやおう》なく思い出させた。食卓にいる誰もが気づくほど、カミラは物思いに沈んでいる様子だった。

「目下、我らがカミラはきわめて困難な案件に取り組んでおります」と母親が、ちょっとからかうように言った。

「お母さんったら！」カミラはかなり大きな声でそう言ったが、怒っているわけではなかった。「私がお母さんに尋ねたことは、学校とは無関係よ」

「聞かせてくれるかな」と叔父が言った。「なんのことか話してごらん」

例の問題をまた話題に出してよいかどうか、カミラは確信がもてなかった。叔父はカミラのことをよくからかうからだ。けれどもカミラは結局、さっきの問いを繰り返した。

「誰かを殺すのは、どうしてひどいことなの？」

叔父はいまにも笑いだしそうになったが、大まじめな顔をして、これはじっくり考えないといけないな、という様子を示し、しまいにこう言った。「それで、誰を始末したいと思っているんだ?」

「叔父さんったら!」とカミラは咎《とが》めるように叫んだ。「人がまじめに訊いているのに!」

「わかった、わかった」と叔父はなだめて、今度はほんとうに考えはじめた。「それで、お母さんはなんて言った?」

「それがわるいことであるのは、私たちはみんな生きたがっているからだって」

「そのとおり。正しい答えだと思うよ」

「でも、どうして私たちはみんな生きたいと思っているの?」カミラはこだわった。

「理由はわからないけど、それが真実であることだけは確かさ。生きることがぼくらにとって何よりも重要だというのはほんとうだよ」。いつのまにか叔父からはふざけた様子がすっかり消えていた。「だからぼくらはいつだって死を避けようとするんだ。まわりを見回してごらん。あらゆる人間がそうしている。世界のいたるところで。たとえば自動車がすごいスピードでやって来たら君は歩道へ飛び移るし、屋根から何か落ちてきたら君はとっさに身をかわす。そしてもし頭のおかしな人間がナイフを手にこちらに近づいてきてぼくらを殺そうとしたら、ぼくらはみんな、まったく同じように反応して逃げ出そうとするだろう？」

「うん、それはそうね」とカミラは言った。「でも、ぜんぶの人間がいつでもそうするって自信をもって言える？」

「君がまだ確信できないのなら、自分に訊いてみるといい。自分だったらどうかって。もし君も、死は起こりうることのうちでいちばんひどい出来事だと思うなら、ほかの人たちは同じように思わないかもしれないなんて、どうして言える？」

「まあ、それはそうね」とカミラは語りはじめた。「でも、たとえば自殺する人はどうなの？」カミラは叔父をいたずらっぽい目で見つめた。

「なかなか頭のいい姪《めい》をもったもんだ」と叔父は微笑《ほほえ》みながら言った。

そのとき父親が話に加わってきて、こう言った。「それは例外だよ、カミラ。たしかに自分で命を絶つ人がいる。でもそれは、死の病に苦しんでいる人か、まったく絶望してしまった人だ。しかもそういう場合にだって、たいていの人は最後のところで尻込みするものなんだよ」

カミラは答えなかったが、ある映画のことを思い出していた。ある一人の男が自殺しようとしていた。その男は建物によじ登った。そのいちばん高いところから飛び降りようと考えたのだ。けれどまさに飛び降りようとしたその瞬間に男は自分の決心を後悔し、警察と消防によって救出されるまでずっと、背中を壁にぴったり押しつけていた。

「それに」と父親は考えをさらに先へ進めた。「こうは思わないかい？　自殺を真剣に考えている人間でも、もし誰かにピストルで脅《おど》かされたら、ものすごく驚いて、助かるためになんでもするだろうって。どうしてそうなると思う？　それは明らかに、私たちにそなわる感情のうちで、生き延びたいという願望が最強のものだからだよ」

父親が言ったことはたしかにカミラに強い印象を与えたが、カミラは、まだすべてが解決されたわけではないような気もしていた。それでも、さらに質問することは控えて、

「わかったわ」とだけ答えた。とはいえ頭のなかではこう自問していた。「どうして死っていうことが、こんなに気にかかるんだろう？　しかも、ほかの人を無造作に殺してしまう人間もいる。それは私にとって耐えられないことだ。それなのに自分のその恐怖の理由を一つもあげられないなんて！」

両親と叔父はいつのまにかまた笑顔で話していて、それは食事のあいだじゅう続いた。カミラは、母親が食事の後片付けをするのを手伝った。それが終わるとソファーに腰をおろして、漫画を読もうとした。

「さっき君はまだ完全には納得していなかったね？」と叔父が言った。カミラは驚いた。

叔父が自分のそばに立っていることにぜんぜん気づいていなかったからだ。

「どうかな」とカミラは答えた。「クラスに、私の言うことにいつも反対する男の子がいるの。その子は、殺人はそんなたいした犯罪じゃないって言い張るのよ。殺されるとき、人はたいていほんのわずかのあいだしか苦しまないんだからって」

「それが君には腹立たしいわけだ」叔父がカミラの考えを言い当てた。

「そうなの」とカミラは言って、セバスティアンとの議論について説明した。

「そういうときにはちょっと別の方法を試してみるといいんだよ。とにかくもう議論には巻き込まれないようにして、そのセバスティアン自身に問題を投げかけてみるんだ」

「どんな問題？」

「たとえば、その子に、自分が重大な犯罪に手を染めてしまったと仮定してもらうんだ。そうして、そのせいで死刑を受けるか、それとも一生のあいだ刑務所に入るか、そのどっちかを自分で選んでもらう」

「ありがとう、叔父さん！」これでセバスティアンをやり込めることができるとカミラにはピンときた。この例《たと》えによってカミラが理解したのは、たいていの人間は死を害悪とみなす気持ちがとても強いので、苦しみに満ちた無意味な人生だろうとも、死ぬことよりは生きることのほうを選ぶということだ。「でも、それはどうしてなんだろう？」とカミラは一人で考えた。「セバスティアンと話が噛み合わなくなったのは、学校では私たちが、ただ苦しみだけがひどいものだと考えていたからだわ。それが今ここでは、苦しみに満ちた長い人生でさえ死ぬよりはましだと私たちが思っているってことが明らかになってる。私たちはなぜ死にたいとは思わないのか？　その理由は、私たちが人生でもてるよろこびにあるって学校では考えたはずなのに。そのときの考えにしたがうなら、私たちが生きようとするのは、人生は苦しみよりもよろこびのほうが多いとどこかで期待しているからだ、ということになるはず。でも、叔父さんと話してみて、実際はその逆だということがはっきりした。つまり絶望しきっていないかぎり、私たちは、人生が終わってしまうことよりも、苦しみだけの人生のほうを求めるんだってことが」

こうしてカミラは、相反する感情に揺れ動いていた。こういうことをこれからセバスティアンにわからせるのだと思ってうきうきした気持ちになるいっぽうで、自分ではまだはっきりと自覚することなく、生と死のこれまで思いもしなかった意味に心の底では当惑していたのだ。

カミラにとって翌日の午前中はものすごく長く感じられた。授業は気の抜けたものに思われ、何に対してもまったく集中できなかった。セバスティアンと早く話がしたくてうずうずしていたのだ。みんながもう帰宅する頃になって、ようやくチャンスがめぐってきた。

「もう一つ問題があるんだけど」とカミラは友人たちに言った。「とくにセバスティアンが興味をもつようなやつ！」

「いったいどんな問題？」とみんなが好奇心に駆られて尋ねた。そこでカミラは、叔父が提案してくれたように、イエスかノーかを問う例の質問を出した。

「こいつはぼく好みの問題だ！」とアルヴァロが言った。ほかの者たちは何も言わずに考えこんだ。

「死刑のほうを選ぶ人なんていないと思うわ」とようやくグローリアが言った。

「ぼくもグローリアとまったく同じ意見」とマヌエルが言った。「そういうときに死ぬほうを選ぶ人はいないと思う。死んだら一巻の終わり。そんなことを本気で求める人なんているはずない」

「あなたならどっちを選ぶ？」とカミラはアルヴァロに訊いた。

「ぼくなら終身刑のほうを選ぶと思うよ。でも、あとで脱獄を試みる」

「もしそれが無理だったら、死ぬことのほうを選ぶと思う？」

「いいや。それじゃあ元《もと》も子もないじゃないか」とアルヴァロは答えた。

「それで、あなたは、セバスティアン？」とカミラは、そのときはなんの他意もなく尋ねた。セバスティアンはすぐには答えなかった。彼は黙って一人ひとりの顔を見まわしてからこう言った。

「ぼくなら、死刑にされるほうがましだと思う。死刑の苦しみは、刑務所のなかで何年もずっと続く苦しみにくらべたら、ほんのわずかのあいだだけじゃないか」

「本気で言ってるの?」とマヌエルは言った。「死ぬことは、人間に起こることのうちでいちばんひどいことだよ」

「どうして?」とセバスティアンは尋ねた。

「誰もが死刑を最も厳しい刑罰だと思っている。たとえそれが短時間の苦痛しか引き起こさないとしても」とマヌエルは答えた。

「そうよ。死ぬことで問題なのは苦しみじゃないのよ」とカミラは言った。

「そう」とマヌエルが続けた。「そのことできのうぼくたちはまるっきり見当はずれだった。殺人は被害者やその家族に苦痛を与える、それだから殺人は非難されるべきなんだ――ぼくたちははじめにそう考えた。だけど苦痛がぜんぜん問題にならない場合があるってことはセバスティアンが気づかせてくれたんだ」

セバスティアンは黙っていた。カミラのほうは満足していた。自分はセバスティアンに勝った、とカミラは感じていたからだ。

夕方、例の三人組がまた集まった。まずさきに買い物をしなければならないけれど、そのあとならいっしょにゲームセンターで遊べるよ、とマヌエルが言った。

「いっしょに行く？」

「もちろん！」と、アルヴァロとセバスティアン。

ゲームセンターに向かいながら、またさっきの議論が話題になった。

「死刑にされるほうを選ぶってほんとうなの？」とアルヴァロは、まだ疑わしそうに尋ねた。

「まあね」

「苦しみが少ないっていうだけの理由で？」マヌエルは聞き返した。

セバスティアンは答えなかった。窮地に追いつめられたと感じているのは明らかだった。

そのうちに三人はゲームセンターに着いた。しばらくのあいだ彼らはゲーム機の騒々しい音に身をゆだねていた。けれどもマヌエルは、ゲームの最中も、どうしたらセバスティアンを追い込むことができるだろうかと考えつづけていた。セバスティアンは実際には、死ぬほうがましだなんて考えてはいなかったはず。セバスティアンはただ降参したくなかっただけなんだ。そうマヌエルはみていた。突然、一つの思いつきがマヌエルの頭に浮かんだ。

「ところで、セバスティアン、もし例の殺人者たちがあの夫婦を眠っているあいだに殺したとしたらいったいどういうことになっただろう？　その場合、二人がこうむる害悪は同じはずだけど、二人はぜんぜん苦しまないわけだよね」

「うん、君の言うとおりだと思うよ」とセバスティアンは、ちょっと考えてから言った。「ぼくはこれまで、いちばんの害悪は苦しみだと思いつづけていた。けれど今じゃ、そうともかぎらないと感じている。でも、よくわからないんだ」

その晩、マヌエルの両親が寝支度をしていたとき、母親が父親に向かって尋ねた。「戸締まりは済んだ？」

「ああ」

「チェーンの鍵もかけた？」

「どうだったかな」と父親は言い、マヌエルのほうを向いた。「頼んでいいかな」

「わかった」とマヌエル。「おやすみなさい」

両親が寝室に消えたとき、マヌエルは玄関に行った。チェーンの鍵は最後に、「カチッ」と音がした。そしてまさにその瞬間に、マヌエルの頭でも何かが「カチッ」と音をたてた。人間はベッドに入るとき、身を守られていると感じたがる。マヌエルにはこのことがよくわかった。それでマヌエルはセバスティアンとの会話をふたたび思い出した。「人間が自分の命を守ろうとするのは、もっと生きつづけたいと思っているからだ」とマヌエルは考えた。「誰も死にたいとは思っていない。たとえその死がほんのわずかの苦しみすら伴わないとしても」

横になったあともマヌエルは長いあいだ眠れなかった。「どうやら誰にとっても死は最大の害悪であるらしい」とマヌエルは考えた。「だからこそ殺人はいちばんひどい犯罪行為なんだ。苦しみだけが害悪だというわけじゃない。だから、苦しみを引き起こしてはならないというところに道徳の共通項があるとみなすことはできないんだ。それじゃ、道徳が禁じるのは他者に害を与えることだと言うべきだろうか。たとえば、誰かのものを、その人に気づかれることなく盗む場合、泥棒はその人間に害を与えるわけだけれど、でもその人間は苦しみはしない。でも「誰かを殺すなら、殺人者はその人間に害を与える」と言えるだろうか」そうとも言えないように思われた。

2 どんな種類の盗みも同じように人に害を与える？

リカルドは、放心しているように見えた。ぼんやりと前を見つめるばかりで、先生の話をまるで聞いていないのは明らかだった。これはどうしても目立ってしまう。なぜなら、ふだんのリカルドは、ちょっと内気だけれどまじめな生徒で、礼儀は正しいし、授業にも熱心に取り組んでいたからだ。

「リカルド、どうかしたの？」とベレーダ先生が声をかけた。リカルドの様子に気づいたのだ。

「あっ、いいえ、だいじょうぶです」リカルドは答えたが、リカルドが打ちひしがれていることをベレーダ先生は見逃さなかった。

「心配しなくてもいいのよ、リカルド。気にかかることがあるなら、力になれるかもしれないわ。みんなの前で気になることを話してみたらどうかしら？ ちゃんと話を聞くわ」

「わかりました」とリカルドは少しまをおいて言った。動揺しているようだった。「じつは、さっき教室に来るときに、体の大きな男子生徒が二人、彼らよりも小さい一人の生徒からお金を巻きあげているのを見たんです。そのことがどうしても頭から離れないんです」

「そういうことだったのね」とベレーダ先生は言った。

「それで、どうしたの？」とすかさずカミラが訊いた。

「なにも。どうしたらいいのか、わからなかった」

「助けようともしなかったのか？」とアルヴァロは、志操堅固なる指揮官が部下を見下すような調子で尋ねた。

リカルドはアルヴァロのほうへ黙って目をやり、気弱そうに肩をすくめただけだった。

「その状況では、ちょっと怖かったかもしれないわね」とベレーダ先生は、思いを口にした。

「ええ、そうだったのかもしれません……いいえ、たしかに怖かったんです。二人ともかなり大きかったし、たいしたことはできなかったと思います。すぐにやられてしまったにちがいありません」

「それなら、なんで自分を責めるんだよ」とセバスティアンが尋ねた。「どっちみちどうしようもなかったなら、今になって気にする必要なんかないじゃないか」

「腹が立ってしょうがないんだ！」とリカルドがきっぱり言い放った。

同級生たちは驚いてしまった。これほど憤慨しているリカルドをそれまで一度も見たことがなかったからだ。リカルドはいつも穏《おだ》やかだし、どんなことでも受け入れられるタイプの人間だと思われていたのだ。

「私もまったく同じよ。腹が立つわ！」とグローリアが賛同した。

「それはどうして？」とベレーダ先生が尋ねた。

「これも、力の悪用にちがいないからです！　そんなことは、ぜったい起きちゃいけないはずです！」

「だってこんなことは、どうしたって、何度もくりかえし起こることじゃないか」とセバスティアンは、投げやりな感じでいなした。自分にとってこんな問題はどうでもいいことだ、と言わんばかりに。

「そうかもしれないけど」とグローリアは強い口調で答えた。「それでも、人からお金を取りあげるのがとてもわるい行いであるのに変わりはないわ。しかも、自分より弱い人間から暴力を使って奪い取るなんて。とにかくそんなひどい話はないわ！」

「うん、そうね」とベレーダ先生がなだめるように言った。「ほかの人たちはどう思う？　いまグローリアが言ったことにみんな賛成なの？」

　答えるかわりにみんな一様《いちよう》にうなずいていた。それを見て先生はさらに続けた。「もしそうなら、私たちは一度、自分に訊いてみる必要があるんじゃないかしら。自分たちが全員そうした行いを非難すべきだって考えるのは、どうしてなのかって」

「いったいそれが何の役に立つんですか？」とパブロが尋ねた。もうあまり興味がなさそうだった。「盗みがいけないなんてことは、小さい頃から耳にタコができるくらい聞かされています」

「それはそうです。でも、あなたたちはもう子どもじゃないでしょ？　そろそろ、いけないって言われたわけを考えてみてもいい時期にきているって思わない？」

「まあ、先生がそう言うなら」とパブロは答えた。「ぼくらがその理由をよく考えてみようとしないのは、盗みがわるいってことをさんざん聞かされつづけてきたからだとぼくは思います。新聞でも、テレビでも……。理屈抜きでみんな盗みはわるいって考えています。」

「ほかの人たちは、どう思う？」とベレーダ先生は尋ねた。教室にはどんよりとした沈黙が広がった。皆、考え込んでしまったのだ。簡単そうにみえて、じつは誰もそれまでちゃんと考えたことのなかったこの問題について。

「ぼくの考えでは、盗みがわるいのは、とられた人に害を与えるからです」とようやくマヌエルが言った。

「よいところに気づいたわね。そこから問題を掘り下げていけるわ」

「私もマヌエルと同じ考えです」とグローリアが言った。「リカルドが出会った少年はきっとショックを受けているはずで、泣いているにちがいありません！」

「そうかもしれない」とマヌエルは静かに答えた。「だけど、たとえ泣いていなくても、その少年は害を受けたことになります」

カミラはマヌエルの言いたいことをすぐに理解した。「大人から盗んだとしたらどうかって考えてみて。大人は子どもみたいにはショックを受けないだろうし、泣くこともないと思うの。でも、その人が害を受けたことには変わりないわ」

「それなら、盗みがわるいのは何か別の理由があるからだ」と思案顔でマヌエルが言った。「いったいその理由はなんだろう？」

「あらためて全員に質問してみましょう。人からものをとるのはなぜわるいんでしょう？」とベレーダ先生は言った。

「確信はもてないんですが、一つだけ、はっきりしています。誰かが私のものを盗んだら、私はそれを少なくともよろこぶ気にはなれないっていうことです」と、ちょっと考えてからカミラは答えた。

「たぶん、誰だってそうだと思うよ」とセバスティアンは言い添えた。

そのとき、休み時間を告げるベルが鳴った。それで討論はやむなく中断された。生徒たちは校庭へ出ると、すぐに別のことを考えはじめた。けれどもマヌエルは、いま話し合ったことをまだ考えつづけていた。マヌエルがとくに驚いたのは、リカルドの反応だった。リカルドのような、ふだんはとても穏やかな人間が、突然あんな激しい態度を示したのは、いったいなぜなんだろう。

そのあとセバスティアンに会ったとき、マヌエルは話し合いのテーマについてセバスティアンの意見をもう一度尋ねずにはいられなかった。

「セバスティアン、ちょっといいかい。さっきの問題についてほんとうはどう考えてるの？　ほかの人のものを盗んじゃいけないのはなんでだろう？」

「リカルドの体験談をまだあれこれ考えてるのか。まあ、ぼくもよくはわからないんだ」

「でも、君だったらあんなことはしないだろう？」

「自分より小さい子どもからものをとるかって？　いいや、ぼくならそんなことはぜったいしないな」

「いったいそれはどうして、セバスティアン?」

「自分に跳《は》ね返ってくるかもしれないからさ。そんなことをしたら、こっちがもっとすごい害を受けることになっちゃうよ」

「どういうこと? だって子どもは君より小さいんだよ。どうやってその子が君に害を与えられるっていうの?」

「もちろん、間接的に、だよ。いいかマヌエル、もしぼくがこの学校で誰かのものを奪ったとしたら、そいつは先生にそのことを言いつけるにきまってるじゃないか。そうなれば先生から罰をくらうのは確実だよ」

マヌエルは眉をひそめたが、心のなかでは思わず頰《ほお》がゆるむような気持ちを抑えることができなかった。今回もまたセバスティアンらしいではないか。セバスティアンにとっては何事もそうたいしたことではないが、それでも彼は、機知に富んだ説明をいつでも思いつく。

「あのね、セバスティアン、罰をくらうかもしれないから人のものをとらないんだってだけなら、それは強盗があくまで犯罪だっていうことの理由にはまだならないよ。たとえば、誰も見ていなかったり、あるいは君に不利になる証言をする人が誰もいなかったりして君が捕まらないケースを考えてみてよ。そのときには、罰は受けないだろうから、君の説明に従えば、そもそも犯罪自体もなかったことになるよね。でもそれって何かへんじゃないか？」

マヌエルが言いおわったところでアルヴァロが話に加わってきた。

「へんって、どうして？　罰をくらわないなら、そんなちょっとしたカツアゲはぜんぜんわるくないじゃないか」とアルヴァロは、ニヤニヤと歯をむき出すようにして言った。

「本気で言ってるの？」

「まあね」

「とにかく、遅かれ早かれ捕まっちゃうのは確かだ。てこずらせてから受ける罰なんてますますひどいだろうね。ぼくはそう思うよ」とセバスティアンが言った。

「セバスティアンの言うとおり。強盗や窃盗がわるいのは、やっぱりその場で捕まってしまうかもしれないからさ。そのあとで警察に連れていかれでもしたら最悪だよ」とアルヴァロは言った。

厳しい罰のイメージにそなわる威《おど》しの力は、間違いなくその効き目を発揮する。たしかにそうなのだが、マヌエルには釈然としない思いが残った。処罰の可能性があるということだけでは、犯罪に手を染めないことの理由としては不十分である。そのことをマヌエルははっきり感じ取っていた。けれども、その論拠をあげられないのなら、このままセバスティアンやアルヴァロと議論を続けてもいまのところ意味がない。それでマヌエルは、父親にアドヴァイスを求めることに決めた。こうして夜にマヌエルは父親と、盗んではならないほんとうの理由はなんなのかをめぐり、会話することになった。

「罰を怖れることが重要な役割を演じるときが多いっていうのは、たしかに正しい。おまえの友だちの場合がそうであるようにね」と父親は言った。「でも、それだけじゃまだ、そもそも盗みがなぜ罰せられるのかについての説明にはなっていない。そこの違いに気づいたのはたいしたもんだ。そのほんとうの理由に行き着くために考えてみる必要があるのは、こんなことだろうね。たとえば、現場を取り押さえられないで何かを盗めるとしよう。見つからないんだから、いま罰はまったく何の役目も果たさない。その場合、自分の決心に影響を与える要因はどんなものが残るだろう。罰が怖いっていうこと以外に、まだ何か思いつくかい？」

マヌエルはしばらく考え込んだあとでようやくこう言った。

「今のぼくにとってはっきりしているのは、自分のものを盗まれたいなんて誰も思わないってことだけだよ」

「まさにそれが、盗みを罰する法律がある理由だろうね。家のなかでも、親や兄弟のものを奪う子どもは罰せられる。他人の持ち物だってことを尊重するということを学ぶためだ」と父親は言った。

「まだわからないことがあるんだ。ただ罰が怖いから盗んだり奪ったりしないだけの人たちってどうすることもできないの？」

「それを考えるなら、まずはそういう人間たちと知り合ったときに自分ならどういう態度をとるかって、考えてごらん」

「そういう人のことは信用しないと思う」

「そのとおり！　信用する人は誰もいないだろうね。しつけや教育を行う際に罰に頼るだけじゃ不十分な理由も、そこにあるんだよ。もし自分がその立場だったらされたくないふるまいはしない。そういう大人になることこそが、しつけや教育の目標であるべきなんだ」とマヌエルの父親は言った。

「でも、どうすればそういう大人になれるの？」

「他人の身になって考えられる力を育てるのよ」とマヌエルの母親が話に加わった。それまでは黙って二人の会話に耳を傾けていたのだ。「たとえば、もしあなたが本を盗んだとするわね。しかも、誰もあなたを捕まえる人がいないとする。でも、たとえそうだとしても、もし自分だったらされたくないと思うことを、あなたはしたことになる。だから、もし誰かに本を盗まれたら自分はどう感じるだろうってよくよく考えてみるだけでいいのよ。よくそうすれば、それがどれほど嫌《いや》な気持ちであるかすぐわかるし、それがわかれば、本を盗もうなんてもう思わないはずだわ」

「おまえが考えたことはまったく正しかったんだよ」と父親は続けた。「罰せられるかもしれないなんてことは本質的なことじゃない。ちゃんとしたしつけや教育を受けた子どもが人のものを盗まないのは、罰を怖がるからだけじゃない。他人の身になってみることができるからこそ、そういうことはしないんだ」

「盗みを押しとどめるのは、良心であって罰じゃないのよ」と母親は言い添えた。

マヌエルはまだ考え込んでいた。「そのとおりかもしれないけど」としまいにマヌエルは言った。「だけど、そういう道徳的な感覚や良心をぜんぜんもっていないような人間がいたらどうしたらいいの?」マヌエルの念頭にあったのは、またもや、男の子からお金を巻きあげた例の少年たちのことだった。そしてリカルドが憤《いきどお》っている様子も、あらためて目に浮かんでいた。

「そういう人はわるい人だって言うしかないわね」と母親が言った。「たしかに。そういう人たちは、まわりの人間たちに対して敬意を払わない。それでみんなはそのふるまいに腹を立てるんだ」と父親は言った。

「よく考えてみれば、そういう人たちといっしょに生活したいと思う人はいないってことがわかるはずだわ。だからこそ、いつも自分自身に訊いてみる必要があるのよ。自分もそんな人たちと同じような人間でありたいのかってね」

マヌエルは母親に答えを返さなかったが、自分はぜったいそうなりたくはないと思っていることが心に感じられた。その瞬間マヌエルは、はじめて合点がいった。リカルドがなぜあれほど憤っていたのか、ようやく理解できたのだ。

次の日の午前中、マヌエルは、自分の新しい認識を同級生に伝えたくてうずうずしていた。それで、セバスティアンを見かけるとすぐに話しかけた。「きのう君が言っていて、アルヴァロも同意していたことだけれど……。盗んじゃいけないのは、盗むと罰を受けるからだって、そう言ったよね。君にとってはそれだけが盗まない理由なんだよね」

「そのとおりさ、マヌエル」

「でもそれだと、こういうことになるよね？　盗みを働かないのは、自分にとって罰がわるいことだからで、盗みそのものがわるいからじゃない、ってことに」

「なんだよ、もうその話はきのう聞いたよ。ちがったっけ？」

「誰かにとってわるいということと、わるいということとを、はっきり区別しておきたくてね。とても大切な区別だと思うから」

「いったいどんな区別なんだい？」

「誰かにとってわるいっていうのは、その人の害になることさ。たとえば、人に押されたせいじゃなくて、自転車で転んじゃったときとか。それとはちがって、わるいっていうのは、人がぜったいしちゃいけないことなんだ。リカルドはきのう、自分たちよりもずっと小さい男の子を襲った奴らのことを話してくれたよね。そんなことをするのは、わるい人だ。まわりの人たちに対して敬意を払わないんだから、ただもうわるいってしか言いようがない」

「ぼくにはわからないな」とアルヴァロが言った。

「もし誰かがそういうことをしたら、その行いはとにかくわるいことだって、ぼくたちは言う。それをやった本人にとってわるい、とか、それをされた人にとってわるい、とか、そういう言い方はしない。その行いそのものがわるいっていうのは、その行いが忌み嫌うべきものだっていう意味なんだ。そして、忌み嫌うべきものだっていう理由は、人は誰でもそういう行いを受けつけないというところにある。ぼくたちは誰だってそういう行いには憤慨するんだ」

「でもぼくは、ただなんとなくワルでありたいって思うかもしれないけどね」とセバスティアンは言った。「他人すべてに敬意を払わなくちゃいけないなんて、ぼくは思わない。そうしなくたって人生のすべてのことがうまくいって、損をするおそれがないなら、他人すべてに敬意を払う必要なんかないと思うよ」

「そんなことが可能かしら。まあ仮に可能だとしてもよ、あなたはほんとうにわるい人間でありたいなんて思うの？」とグローリアが言った。

「ひょっとするとね」とセバスティアンは言って、言葉をにごした。

「その場合にはかなり心細い思いをしなくちゃならなくなる、というふうには考えないの？」とカミラが尋ねた。

「どういうわけで？」

「もう誰もあなたのことを信用しなくなるかもしれないでしょ？　それに、もしそうでないとしても、この自分のことを信用している人間は思い違いをしているんだってあなた自身は知っていることになるわけだから。あなたはそれでも平気なの？」

カミラに対するセバスティアンの返事は先延ばしにされるほかはなかった。話をしているあいだに次の授業が始まってしまったからだ。数学のモラーレス先生は、とても厳しい先生だと生徒たちから見られていた。授業中の私語をいっさい許さなかったからだ。それでもマヌエルは、セバスティアンの答えがどうしても知りたかったので、勇気を奮い起こして手をあげ、話し合いを最後まで進めることを許してくれるようにモラーレス先生に頼んだ。マヌエルはいつもまじめな生徒だったので、モラーレス先生は授業の中断を認めてくれた。

「いったいテーマはなんなのかね?」と先生は尋ねた。

「わるい人間になったとしても自分は平気だと思うってセバスティアンは言いました。たとえそのことで自分が完全に孤立してしまってもって」こうマヌエルは、休み時間中の話し合いの結果を要約した。

「そうは言っていません」とセバスティアンは反論した。「わるい人間でありたいといつか思うことがあるかもしれない、とぼくは言ったんです。でもそれは、自分の友人たちに対してではありません。それ以外の人間たちに対してだけです」

「理解できないわ」とグローリアが言った。

「仲のよい友だちがいれば、ぼくはその人たちに対してだけは、いい人間として接する。でも、それ以外のすべての人間のことまでどうして気にしなくちゃいけないんだい?」

「なにが問題になっているのかわかりました」とモラーレス先生は言った。「君はこう言いたいんだね。友人たちとの付き合いにおいては道徳的な態度をとるが、そうでない人たちに対しては道徳に反したふるまいをしても気にしない、と」

「そうです」とセバスティアンは言った。「少なくとも、その人たちがぼくを捕まえたり罰したりしないかぎりは」

「それは、良心の分裂と呼ばれているものだ。セバスティアンは、友人に害を与えたら良心の呵責《かしゃく》を感じるだろうが、それ以外の人たちに対しては、したいと思ったことをそのままするこ とになる。これについてみんなはどう思うかな？」

「友だちと喧嘩《けんか》してしまったらどうするの？」とマヌエルは挙手をして言った。

「さあ、どうだろう。きっとその相手に害を与えても平気だと思うよ」

「もう友だちじゃなくてもその人間を尊重しつづけなくちゃならない、というふうには思わないの？」

セバスティアンはじっと考え込んで、なにも言わなかった。

カミラが言った。「私たちはすべての人間に敬意を払わなくちゃならないんだから、そんな区別をしちゃいけないって私は思うわ。自分の友人にはなにか特別な感情をもつっていうのは確かだけど、だからといって、愛していない人や好感のもてない人には敬意を払う必要がない、なんてことにはならないはずよ」

「だけど、それはいったいなぜなんだろう？」とセバスティアンは尋ねた。

「なぜぜんぶの人間に敬意を払わなくちゃいけないのか、ぼくにはどうしてもわからない」

生徒たちは黙ってしまった。それでモラーレス先生がまた口を開いた。「自分がほかの人間に敬意を払ってもらいたいとは思わないのかな？」

セバスティアンは答えなかった。ただしほかの生徒たちはその言葉でまた活気づいた。

「もちろん、ほかの人たちが自分に敬意を払ってくれることを、私たちはみんな望んでいます」とグローリアが言った。

「ぼくもそう思う」とマヌエルが言った。「また盗みを例にとって言うと、いつどこで盗みにあうかわからないような社会では安心して生活できないと思うよ」

「そのとおりだね」とモラーレス先生は言った。「さまざまな処罰による威《おど》しを伴った法律がある理由も、もちろんそこにある。そういう法律のおかげで日々の生活の最小限の安全と信頼が保たれているんだ」

「いったいどうして、「最小限」なんですか？」とアルヴァロは訊いた。

「もちろん、人に敬意を払うからこそ盗まない、という場合のほうが好ましいからね。しかしそうでない場合には、罰に対する怖れだけによってでも盗みを働かないでもらったほうがよいことはよい。犯罪行為を押しとどめる最も確実な装置は自発的な道徳的良心だけれど、そういう良心が発達していない場合には、法律がいわば第二の保護装置として介入し、犯罪行為を禁止することになるんだ」

「でも、どんな種類の盗みもぜんぶ罰するとしたら、法律だってまったく不正なものかもしれない。先生はそうは思いませんか？」その声は教室の後ろのほうから響いてきた。発言したのはアドリアーナだった。ふだんはほとんどものを言わない女子生徒である。

「それはどういうこと？」とカミラが尋ねた。

「だって、泥棒が金持ちなのか貧乏なのかに関係なく、それから、泥棒が金持ちから盗んだのか貧乏人から盗んだのか、それともスーパーから盗んだのかに関係なく、いつだって同じように罰が下されるじゃない」

「金持ちから盗んだ場合には罰を軽くすべきだって言いたいの？」とカミラは尋ねた。

「つまり、金持ちからは平気で盗んでもよくて、そのときには良心の呵責を感じる必要がないっていうこと？」とマヌエルは訊いた。

アドリアーナは答えなかった。

「さらに議論を深めようと思うなら、ここで具体的な事例のことを考えてみるとよいかもしれないね」とモラーレス先生は提案した。

「一つあります」とアドリアーナが即座に答えた。「金持ちの女性の家でメイドが家事の仕事をしているとします。その女主人は立派な日用品をあれもこれもあり余るほどもっていて、もちろんクローゼットにも服がぎっしりと詰まっています。さて、そのメイドはスラックスを一着とってしまいます。貧しすぎて娘にスラックスを買ってやれないからです。

女主人は、服の数が多すぎて、なにかなくなっても気づくことはまずありません。私は、このような場合なら、スラックスをとっても、ひどいことじゃないと思います。金持ちの女性がそれに気づかないのなら、メイドはその女性に害を与えたことにはならないんですから」

「ぼくもそう思う」とセバスティアンが言った。

「じゃあ、もし盗まれたことに女主人が気づいたとしたらどうなの?」とグローリアは尋ねた。

「メイドは女主人の信頼を失ってしまうでしょうね」とカミラが言った。「きょうはスラックスが一着、あしたはなにか別なもの、と女主人は心のなかでつぶやかざるをえない。メイドにはもうなにも信頼して任せられなくなってしまうはずよ」

「そうだね」とマヌエルは賛成した。「メイドがクローゼットからスラックスを一度だけとって、それを娘に貸し与えて、そのあとでそれをクローゼットに掛け戻したとしても、それが信頼の悪用であることに変わりはないと思う」

「それほどひどいことかな。その理由はいったい何なの?」とセバスティアンは尋ねた。

アルヴァロが説明を試みた。「断りもなく自分のものを持ち出されて気をわるくしない人はいないよ。知らない人が勝手にぼくの服を試着するだけでも、ぼくは許す気になれない。しかも、こっそり隠れてそんなことをするなんてなおさらひどいことだ」

「でも、大金持ちの人間もいればとても貧乏な人間もいるというのは、やっぱり不公平なことじゃないかな」とセバスティアンが言った。

「それじゃあなたは、だから盗みは正当なんだって言うの？」とグローリアは尋ねた。

「わからないけど、まあそうかな」

「でも、盗みはいつだって隠れて行われるし、アドリアーナの例の場合でもそうだけど、盗みは結局、個人的な利益のためになされるものだわ。あなたはそのことに気づいてないの？」とカミラは尋ねた。

「ぼくもそう思う」とマヌエルが言った。「だから、盗みは、社会を変えようとすることとはやっぱり別のものだよ。貧富の大きな格差に対してなにかしないといけないっていう点ではセバスティアンは正しいかもしれない。だけど、盗みがそのための適切なやり方だとはぼくには思えない」

「この問題はまた別の機会にとっておきましょう」とモラーレス先生は言葉を差しはさんだ。「そのときは、社会を変えることは道徳的に許されるのか、あるいは望ましいことですらあるのかも、議論できると思います」

「でもその前に、万引きについて話し合ってみるのがいいと思います」とアルヴァロが発言した。「それなら自分の体験を例としてあげることができます。このあいだ母といっしょにスーパーマーケットに行ったとき、ちょうどテニスボールが特別セールで売られていました。その売り場でぼくはボールを一個くすねてきたんです。誰にも気づかれませんでした。それで、もちろんお金も払いませんでした。いまぼくが知りたいと思うのは、この行動で誰かに害を与えたとしたら、それはいったい誰なのかってことです」

「もちろんスーパーのオーナーよ」とグローリアは大声で言った。

「そう単純な話でもないよ」とマヌエルが言った。「スーパーのオーナーは、たいていは一人じゃなくて何人かの人間だし、会社が持ち主だからオーナーが特定できない場合も多いんだ。それに、スーパーではふつう、客のなかには万引きする奴がいるってことを見込んで価格を設定してるんだよ。だから、商品は全部ちょっと割高になっているんだ」

「でも、そうだとしても」とカミラは言った。「万引きされることをスーパーの人たちがよろこぶなんてことはまずないわね」

「ここでもまた法律が必要になることは明らかだね」とモラーレス先生は言った。「もし法律がなかったら、経済生活は完全に崩壊してしまうことだろうね。それで罰が必要となる。ただし、道徳的にみるならば、スーパーのケースは、メイドによる盗みの場合とは別なふうに判断しなくちゃならない。それは、君たちが言ったとおりだ。なぜ別な判断が必要かというと、このケースでは、敬意が払われていない誰か特定の人物がいるわけじゃないからね」

「この件についてはぼくは、どう考えたらいいのかまだよくわかりません」とマヌエルは言い、あらためてアルヴァロに問いを向けた。

「テニスボールをポケットに持っていたとき、君はどんな感じがした？」

「まあ、たしかに良心の痛みは感じていたよ。つまり、なんとなく罪悪感はあったんだ。少なくとも、ちょっとのあいだはね。だけどそのいっぽうで、結局は、満足もしていた。だってボールをうまいこと手に入れたんだからね」

「良心の痛みを感じたんだったら、それは自分でもわるいと判断するしかないことをしてしまったっていうしるしじゃないの？」とグローリアが言った。

「ぼくはそうは思わない」とセバスティアンが応じた。「良心がはっきり意識できる場合があるっていうのは確かだよ。でも、利益が十分大きなものだったら、たいていの人間は良心なんてもう問題にならなくなる。大金がかかっているときには、みんな良心のことなんかすぐに忘れてしまうよ」

「そう、ぼくも同感だよ」とアルヴァロが言った。「盗みを何度かくりかえしていると、人間は良心の声にだんだんと耳を傾けなくなる。そのうちに良心なんてどうでもよくなるよ」

カミラとマヌエルは、こうした考えに驚いた。「そんなことがほんとうに可能なの？」と二人は疑問に思った。けれども、ちょうどそのときに授業終了のベルが鳴ったので、この点については別の機会に譲るほかなかった。

翌日カミラは友人たちのところへ近づいていって「きょう、あなたたちに問題を持ってきたわよ」と告げた。

「いったいどんな問題？」とその一人が聞き返した。

「叔父さんが話してくれたことなんだけどね。よく聞いてちょうだい。重い病気の息子をかかえた父親がいるとする。その子どもは、ある特別で高価な薬でしか命が助からない。ところが薬局の主人は、この薬がどれほど貴重なものかを知っていて、その値段をつりあげた。そのため、父親はお金が足りなくてその薬を買えない。しかも、父親が住んでいる村の周囲には別の薬局がない。そこで問題です。もしいま父親がこの薬を盗んだとしたら、この父親は良心の呵責を感じるでしょうか？」

「良心の痛みなんか感じるわけないだろう。だって、子どもの命を救おうと思ったんだから」とセバスティアンが言った。

「ぼくは、ちがうと思う」とアルヴァロが言った。「それでもその父親は良心の呵責を感じると思う。ほんの少しだけだとしても」

「私もそう思う」とグローリアが言った。「盗みだってことには変わりはないもの。盗むのはいつだってわるいことだと思う。その点に弁解の余地はないわ」

「でも、もう一度よく考えてみてよ」とカミラが言った。「この場合は盗むことに正当な理由があると思わない？」

「よくわからない……。私、ちょっと頭が混乱しちゃった」

「盗みはあくまで盗みだというところに難しさがある。そして盗みはどんなものでもともかく禁じられている」とマヌエルは言った。「自分のものではないものを奪い取るんだから、それはわるいことだよ」

「それなら、子どもの命を救うために父親はそうするしかない場合でも、それはわるいということになる。君が言いたいのはそういうことなのかい？」とセバスティアンは聞き返した。

「うん、そう。だけど盗みを犯さなかったらその父親はもっと後味のわるい思いをするにきまっているとも思う。だってそれは、子どもを見殺しにすることなんだから。これこそ、ほんとうに板ばさみ状態だよ。そういう場合には、どう決心しても、結局は後味のわるい思いをするしかないからね」

あとでマヌエルはカミラとまた話をした。

「盗みにもいろいろ種類があるって、これまではっきり考えてみたことがなかった。でも殺人は話が別。だって、殺すのか殺さないのかのどっちかしかないからね」

「盗まれるのが貧乏人なのか金持ちなのかという区別と同じような区別は殺人には存在しないって思うの?」

「うん」とマヌエルは言った。「殺人の場合は、スーパーの問題とか薬局の主人についての話とかのようなケースを考えに入れる必要がないもの」

「生きる権利はあらゆる人にとって等しいのだからって、そう思うわけ?」

「そう」とマヌエルは言った。「それに、ほかのどんな規則《ルール》よりも大切な道徳的規則があるように今は思えるんだ。『殺してはならない』という規則がそれで、それがいちばん大切な規則なのは明らかだよ」

「でも、それなら、あの父親が薬を盗むのは正当だってことにはならない?」とカミラが尋ねた。

「そうかもしれない」

3　他者《ひと》を苦しめるのはぜったいだめ？

マヌエルは校庭を、落ち着きなく歩きまわっていた。周囲の騒がしさには見向きもしないで、頭を悩ませる問題について考え込んでいた。マヌエルは友人たちとの会話によって疑問をかかえ込み、確信が揺らいでしまったのだ。それまで彼は、いつも自分は正しくふるまっていると信じていた。そして実際また、正しくふるまうことは、彼にとってけっして難しいことではなかった。困難なことに出会ったときにはいつでも、なにかよいアドヴァイスを思い出したり、両親やクラスメートとの会話を思い出したりすることで、その困難は簡単に取り除かれた。でもここ数日のあいだに次々と体験したことは、マヌエルの手に負えないものとなりつつあった。道徳的に正しくふるまうのはとても難しいことなのかもしれない、という認識がはじめて芽生えてきたのだ。

ふとマヌエルは校庭での出来事に注意が向いた。幼い男の子たちのグループがマヌエルのそばでボール遊びをしていた。突然、年上で体格のよいラウルがグラウンドをこちらに走ってきて、そのボールを横取りした。そして、奪ったボールを持って、その場から走り去った。男の子たちは、怒ってラウルのあとを追い、「返して、ボールを返して！」と叫んだ。けれどもラウルは、すぐそばにいた少年を地面に突き飛ばし、ボールを中庭の向こうへ勢いよく放り投げてしまった。

マヌエルはその行為を不愉快に思い、口をはさんだ。

「おい、ばかげたことはやめなよ！　そんなことするなよ！」

「なんでいけないんだよ？」と挑発的な表情をしながらラウルは尋ねた。

「だってわるいことだろう！　もし自分よりも年上の誰かが君に嫌がらせをしたとしたら、君はなんて言う？」

ラウルは答えず、ばかにしたような態度でつばを吐いて、立ち去った。

「怒らないほうがいいよ」とアルヴァロはマヌエルをなだめようとした。「あいつはどっちみちイカレてるんだ。本人は勝手にランボーのつもりでいるんだよ」

しかしマヌエルは、なにを言われても、すぐにはおさまりがつかなかった。

夕方マヌエルは、考えあぐねている問題について両親と話してみた。

「お父さん、ねえ、どう思う？　誰かに苦しみを与えるのは、どんなときでもぜったい、道徳的にわるいことだよね？」

彼の父親は、答えるのに一呼吸おいた。

「どう言ったらいいかな、マヌエル。それは、そうとも言いきれないんだよ」

「どうして？」

「まず第一に、やむをえない苦しみというものがどうしてもあるからね」

「なんのこと？」

「ちょっといい、マヌエル」と、そばに座っていた母親が言った。

「小さかったときに、あなたはひどい扁桃腺炎《へんとうせんえん》にかかって、喉《のど》がすっかり腫《は》れあがってしまったことがあったの。そのとき、それ以上悪化しないように、急いで薬を与えなくちゃならなかったわ。けれども薬を与えるためには、もう注射を使うしかなかったの。なぜなら、あなたはほとんどつばを飲み込むこともできなかったからよ。もちろんあなたはその当時、注射をひどく怖《こわ》がっていた。でも私たちは、その注射をしてもらうしかなかった。注射は、あなたにとってだけじゃなくて、私たちにとっても苦しいことだったわ。だってあなたにひどい苦痛を与えなくちゃならないのは、ほんとうにつらいことだったからよ。だけど私は、それがやむをえない苦しみだったと思うわ。だってその方法でなければ、あなたを元のように健康にすることができなかったから」

「うってつけの例《たと》えだね」とマヌエルの父親は言った。マヌエルもそのことを認めるほかなかった。

「やむをえない苦しみはいつも、本人にとって最善のことのためにある。おまえを治すために医者がおまえに与える苦しみは、そういった苦しみだよ。たとえば、歯医者のことを考えてごらん」と父親は言った。

マヌエルは電気ドリルの音を思い浮かべただけで、身震いがした。そして笑いながら父親に言った。

「もしお父さんの歯が痛くなったら、ぼくもすぐにお父さんを歯医者に連れていくよ。お父さんにとってそれが最善のことだからね」

「私の健康に対する真率なるご配慮に心から感謝申しあげるよ、マヌエル。でも私たち大人の場合には、話はちがってくる。大人なら、自分にとって何が正しくて何が間違っているかを一人で決めてかまわないんだ」

三人はすぐに、ほかの話題について上機嫌に話しはじめた。そしてマヌエルも少しのあいだ、リラックスできた。しかしほどなくマヌエルは、戦争映画で暴力が賛美されていることについてセバスティアンとアルヴァロと話したことを思い出した。戦争映画において自分は何度、捕虜が苦しめられ拷問《ごうもん》されるのを見ただろうか？　そして少年たちからボールを奪ったラウルは、戦争捕虜を虐待する軍人たちと似ていなかっただろうか？　だからこそ自分はラウルに対して、あんなに激しく反発したのではなかっただろうか？

「お父さん、お父さんも捕虜が拷問される戦争映画を観たことがあるよね。いったいなぜああいう拷問はわるいことなのかな？」

「戦争捕虜に対する虐待については、それを禁じる国際的な協定があるんだよ」

「そんなことは知っているよ！　でも問題は、なぜ協定は虐待を禁じているのかってことじゃない？」マヌエルは、自分が無意識のうちに返した言葉を耳にして、答えが見せかけのものである場合には、いまでは自分はその事実をやすやすと指摘できるんだ、とびっくりした。

マヌエルの父親は内心、少し息子を誇りに思った。なぜなら、自分の答えはたしかに、その複雑な問題を解き明かせるものではなかったからだ。

「まあそうだね、マヌエル。ちょっとよく考えさせてくれないか。……おそらくその理由は、捕虜は無防備であり、もうなんの害も引き起こせないということにあるのだと思うよ。それなのに捕虜を虐待するのは、まったくもって残酷な行為だと言うしかない」

「そういう行為は、やむをえないわけではないのに加えられる苦しみと言えるかもしれないね」

「人によるね……看守はもしかすると、捕虜たちを従順にさせるためには虐待は必要だと言うかもしれない」

「でも、どっちにしてもそういう虐待は、医者や歯科医がぼくたちに与える苦しみとはちがった種類のものだよね?」

「そうだね。「やむをえない」という言葉だけでは、わるい行為とは何を意味しているのかを定義するには不十分だと考えなくちゃいけないようだ。むしろ、こう言うべきなんだろう。戦時捕虜の例では、彼らにとって最善のことのためにはやむをえないというわけではないような苦しみが引き起こされており、だからこそ虐待は道徳に反するんだってね」

「じゃあ拷問は?」

「とんでもない! それはもっとひどいことだよ! 捕虜は、ただでさえ苦しんでいるんだ。そのうえ、拷問までされたら、それは、よけいな苦しみであるだけじゃなくて、屈辱ですらある。捕虜はまるでもう人間ではないかのように扱われていることになる」

マヌエルは父親の顔に嫌悪の色が浮かんでいるのを目にして、しばらくのあいだ黙っていた。そのあとでマヌエルは、「そうだね」と言った。けれども、ほんとうに確信がもてたわけではなかった。父親もすぐに、まだはっきりしない点があることに気づいて、付け加えた。

「いいかい、マヌエル。捕虜を見張っている看守は、自分たちの行為を逆の立場だったらどう感じるか、つねに自問すべきなんだ。拷問されることは捕虜にとってうれしいことだろうか、とね。その行為が自分自身にとって好ましいことでないとわかるなら、ほかの人たちにとっても同じように好ましくないことだとすぐに理解できるはずだ」

この返答によってマヌエルの心は、かなり楽になった。自分はきょうラウルに対してまったく似たようなことを言わなかっただろうか？　ラウルが子どもたちからボールを奪ったときに、「もし自分よりも年上の誰かが君に嫌がらせをしたとしたら、君はなんて言う？」と。

次の日マヌエルは、カミラといっしょに校庭のベンチに座っていた。マヌエルは単刀直入にカミラに尋ねた。

「いったい何が道徳的にわるい行いなのかを理解することは難しいって君も思わない？いままでのぼくたちの考え方には、どこか適切でないところがあるんじゃないかな」マヌエルは、当人にとって最善のことのためにはやむをえない苦しみということについて両親と交わしたきのうの会話の内容を話した。

するとカミラは、彼女の母親が先日話したことを思い出した。

「お母さんにはレベッカっていう昔からの友だちがいるの。彼女はずっと独身なんだけど、一度だけ結婚する一歩手前までいったことがあったの。彼女には愛している男の人がいた。その男の人もたしかに彼女を好きでいたけど、愛してはいなかった。そしてあるとき、彼はほかの女の人と結婚してしまったの。レベッカはこの別れのことでとても苦しんで、もう誰ともぜったい付き合おうとしなかった。ねえ、ほかの女の人と結婚したとき、その男の人の行いは正しかったのかな？　彼は、レベッカにどんな苦しみを与えることになるのかよく考えるべきだったんじゃないの？　あなたもそう思わない？」

マヌエルは考え込んだ。明らかにレベッカはその男性の決心のせいでとても苦しんだ。しかもその苦しみは、彼女自身にとって最善のことのために生じたものではなかった。しかし、そうはいっても、その男性が道徳に反する行いをしたとは思えなかった。そうだとするなら、行為の善悪を判断するためにマヌエルがそれまで用いていた基準は不確かなものになる。その男性は残酷なことをしたのだろうか？　彼はレベッカの苦しみに対して責任があるのだろうか？　マヌエルはこれらの疑問にどう答えたらよいのかわからなかった。

技術工作の授業中、生徒たちはみんな静かに集中して課題に取り組み、おのおの作業に没頭していた。授業の終わりに、ほとんどの生徒は、道具を引き出しのなかにしまった。

しかしアルヴァロは、外へ遊びに行こうとして、いつものように慌《あわ》てていた。そのせいでいくつかの道具を作業台のうえに置きっぱなしにした。そのなかにはナイフもあり、ところがマルガリータはそれに気づかなかった。それでアルヴァロの作業台に手をついたとき、マルガリータは指を切ってしまい、指から血が出た。

先生はひどく怒って、アルヴァロが無責任なことをしたとして出席簿にチェックを入れた。アルヴァロは不満を漏らした。なぜかというと、自分が罰せられる理由はないと思ったからだ。

「ナイフを出しっぱなしにしちゃだめでしょ？」とグローリアは言った。

「何が言いたいんだよ」とアルヴァロはカッカしていた。「マルガリータこそ、気をつけるべきだったんだ。だからマルガリータ本人に責任がある」

「君は思い違いをしているよ、アルヴァロ！」とマヌエルはきっぱりと言った。

「君は、自分のものについて責任がある。自分の道具はちゃんと片付けなくちゃ。誰かが怪我《けが》をするかもしれないようなものはとくに注意しないと。君のそばにナイフがあるんてことをマルガリータがどうやって知ることができたって言うの？」

「まるでぼくがわざとマルガリータの指を切ったみたいな言い方だな」

「たしかに、あなたにあの子を傷つける気はなかったでしょう」とカミラは言った。「でも、傷つけないように注意するのはあなたの義務だったはずでしょ？」

「そう簡単に言わないでよ。マルガリータはそんなにまわりが見えない子じゃないはずだ」

「まあ、いいかい、アルヴァロ」と今度はセバスティアンが口をはさんだ。「考えてみなよ。たとえば、おまえは自分の家の屋根のうえに登って、何かを修理しようとしている。おまえの手からハンマーが落ちたちょうどそのときに、下を通行人が歩いていて、怪我をしてしまう。その場合、誰に責任があると思う？」

アルヴァロは何も言わなかった。しかし周囲の生徒たちには、彼が考え込んでいるのがわかった。

「通行人に責任があるって言うつもりかい？　通行人は、ひょっとしたらハンマーが屋根から落ちてくるかもしれないって考えて上を見上げるべきだった、とでも言うのかい？」

アルヴァロは黙ったままだった。

「わざとしたわけじゃないのが確かだとしても、こういう場合はあなたに責任があるわ。だって、その害はあなたの行いによって引き起こされたんだもの」とカミラは話をまとめた。

「そうだね、君たちが正しいとぼくも思うよ」とアルヴァロはついに認めた。「だけど、マルガリータのやつも、いつまでもわめき散らさなくたっていいじゃないか。結局、それほどひどいことにはならなかったんだから」

「またいかにもアルヴァロらしいわ」とグローリアは溜息《ためいき》をついた。それでクラスのみんなは笑わずにはいられなかった。最後には、アルヴァロ自身も笑った。カミラは話をまじめなほうに引き戻した。

「もしほかの人たちに害を与えたくないと思うなら、私たちは不注意な行いについても気をつける必要があるわよね？」

「それはどういうこと？」とセバスティアンは尋ねた。

「つまり、誰かが他人にわざと害を加えたり苦しめたりすることで引き起こされる問題って、じつはほとんどないのよ。まちがった行いのほとんどは、むしろ、うっかりしていたためや、ちゃんと気をつけていなかったせいで起きるんじゃないかな」

「そのとおりよ」とグローリアは言った。「いずれにしても、ほかの人を傷つけないようにしなくちゃならないわ。害が直接的にわざと引き起こされたのか、それとも間接的に不注意によって引き起こされたのか、の違いに関係なく、とにかく注意するようにしないとね。私は自分のまわりのほかの人にもそうしてほしいって思ってるんだから。自分のまわりの人に言えることは、すべての人にあてはまるわ。そしてそのすべての人のなかには私たち自身も入っているのよ」

「そのとおりよ」とカミラは言った。「私たちはみんな、安心して日々の生活を送りたいと思ってるけど、考えなしの人たちが不注意なことをしでかすかもしれないっていつもはらはらしていなくちゃいけないところでは、安心感なんてぜったいもてないわ」そう言いながらカミラは、交通事故にまつわる多くの悲しい出来事を思い浮かべていた。

「二人とも正しいね」とセバスティアンは言った。「もしテーブルの隙間にはさまっているナイフや、空から落ちてくるハンマーにいつも警戒していなくちゃならないとしたら、生きた心地がしないよ」

アルヴァロは怒っているような顔つきだったが、なにも言い返さなかった。

マヌエルはそのあいだじゅうずっと黙って聞いていた。カミラが不注意の問題について発言したことで、レベッカとそのボーイフレンドの話をまた思い出した。レベッカのボーイフレンドにはレベッカの苦しみに対する責任はないということ、それはマヌエルにとってはっきりしていた。しかしそのいっぽうで、その男性のしたことがレベッカの苦しみの原因であるのは明らかであり、もし彼がちがったふうに決心したら、彼女を苦しませないで済んだかもしれない。だからといってその友人は軽率に行動したと言われなければならないだろうか？　マヌエルはその点について曖昧《あいまい》なままにしておきたくなかった。それで、その問いを同級生たちに提示したいという気持ちを抑えられなかった。

「セプルベダ先生、ちょっとお訊きしてもいいですか？」

「もちろんですよ」。クラスのみんなは、好奇心に満ちた目でマヌエルのほうを見た。

「ぼくが質問したかったのは、ほかの人に苦しみを与えるのは道徳的にわるいことなのか、ということです」

「わるいことだと思いますよ。君はそうは思わないのですか？」

「最近それについて確信がもてなくなってきたんです。それで先生とそのことについてお話ししてみたかったんです。もし誰か暴れん坊が現れて、必要のない苦しみを人に与えたり、人の自由を邪魔したりしたら、それが道徳的にわるいことであるのははっきりしています。でも、それとは別の、もっと複雑なケースもあります」

「どんな場合を考えているんですか？」

マヌエルはカミラのほうを見て、もう一度君の話を聞きたいという合図を送った。カミラはそれに同意して、母親の友人のレベッカの人生について話した。クラスのみんなは、じっとその話に耳を傾けた。カミラが話しおえたあと、少し間をおいてセプルベダ先生は言った。

「それはほんとうに複雑なことですね。カミラの話から私たちは、いわば否応《いやおう》なしに生まれる苦しみもあるということがわかりました。レベッカのボーイフレンドには、レベッカに害を与える意図がなかったことはまったく明らかですからね」

「でも害を与えたのは彼なんです！」とカミラは力を込めて言った。

「たしかにそのとおりですが、彼女を苦しませようとしてそうしたわけではありません」

「先生は、こう言いたいんですか？」とセバスティアンは尋ねた。「もし誰かがほかの人を苦しめたとしても、意識的に行ったのではないかぎり、それはとくに問題ではない、と」

「いいえ、もちろんちがいます」とセプルベダ先生は渋い顔で言った。しかし実際、自分は何を言おうとしているのだろうか？ 彼は、自分がもう一度よく考えなければならないことに気づいた。そして次のように言った。

「つまり、すでに言ったように、起こってほしくないと多くの人が願うにもかかわらず、どうしても避けられないような人間のある種の苦しみがあるということです」

「歯医者で私たちに加えられる苦しみは、そういう種類のものですか？」とマヌエルは、訝《いぶか》しげに尋ねた。

「ちがいます。そういう苦しみのことを言っているんじゃありません」

「それじゃあ、ひょっとしたら毎日学校に行かなくちゃならない苦しみについてですか」

とアルヴァロはなにくわぬ顔で尋ねた。するとクラス全体に笑いが起こった。

「こらこら！」セプルベダ先生は不機嫌そうに言った。「くだらない冗談を言うなら、この話は打ち切りにしますよ」

アルヴァロは恥ずかしそうに目を伏せ、手を口にあてた。セプルベダ先生はふたたび自分の思考に精神を集中した。

「つまり、私が言いたかったことは……。スポーツを例にとれば、議論を先に進めることができるかもしれません。たとえばサッカーでは、いや、むしろサッカーよりもテニスにしましょう。なぜならテニスには引き分けがありませんからね。テニスではかならず勝者と敗者がいます。ということは、こういうスポーツでは、やむをえないこととして誰かが害をこうむることになります」。このとき、「やむをえないこととして」という言葉を非常に強く発音したので、先生にとって何が重要なのかを誰もが理解した。「敗者はいつも苦しみます。しかしそれは避けられない苦しみです。この苦しみは、勝者が望んだものではありません。勝者が望んだのは勝つことであって、敗者の苦しみはその結果にすぎません」

「先生がおっしゃりたいのは、勝者は敗者の苦しみについて責任がないということですか？」とカミラは尋ねた。

「そのとおりです」とセプルベダ先生は言った。

「勝者と敗者がいるのは、試合のルール上どうしても必要なことです。もし負けたことで敗者が苦しむとしたら、それは当人の問題であって、勝者の問題ではありません。あなたもそうは思いませんか？」

カミラは答えなかった。カミラにはどうも納得がいかなかった。どうしてかわからないが、レベッカのボーイフレンドにはレベッカの苦しみに対してそれ相応の責任があるように思われてしかたがないのだ。

マヌエルも黙っていたが、それはカミラとは別の理由によってであった。先生の説明をとおして自分の考えが確証されたようにマヌエルには思えたのだ。「レベッカのボーイフレンドがレベッカを苦しませないで済ますことはけっしてできなかったはずだ」とマヌエルは考えた。

けれども、セバスティアンは不満を表明した。

「ぼくには理解できません。どうして勝者は敗者の感情に対して責任がないと言えるんですか？」彼は不服そうに言った。「もし車を運転しているときに誤って誰かを轢《ひ》いてしまったら、たとえ意図的じゃなかったとしてもぼくにはやっぱり責任があるはずです」

「それとこれとは、まったく話がちがいます」とセプルベダ先生は言った。

「どうしてですか？」とセバスティアンは尋ね返した。「どっちの場合も結局、意図しないで誰かが別の誰かに害を与えています」

「両者の場合に共通する点はたしかにあります。しかし、害をこうむる人の立場に身を置いてみれば、はっきりと認識できる重要な相違があります」

「どういうことですか？」とマヌエルは尋ねた。

「もし誰かが轢かれたとしたら、ドライバーが十分に気をつけていなかったことについてその人が苦情を言うことは正当です。ですが、もし誰かがゲームで負けたとして、その敗者が、勝者がいるということについて苦情を言うとしたら、とてもおかしなことじゃないでしょうか。だって、ゲームにはぜったいに勝者がいてはならないということを、その苦情は意味することになるんですから」

「そうなると、たぶんこの世界の大部分の勝負事は禁止させられることになるでしょうね」とマヌエルはきっぱり結論づけた。

「そのとおりです」と先生は言った。

「おそらく私たちは誰もそんなことを望まないだろうと思います。もし勝者がいてはならないとしたら、競技の肝心要《かんじんかなめ》の部分が失われてしまうことになりますからね。競技で負けた人だって、やはり勝者になりたかったはずです。それにひきかえ軽率な行為は、私たちみんながけっしてしてはならないことなのです」

「たしかにそうです」とセバスティアンは言った。

アルヴァロにもピンときた。

「ゲームを始めてみたけど、ぜったいに勝てそうにないって途中で気づくなんて、ぞっとするよ。いつも引き分けになっちゃうような試合はもっとひどい！　そんなの退屈だよ」

「勝ち負けがなくて退屈だっていう点ではペーシェンス〔トランプの一人遊びの一種〕もそうよ」とグローリアは付け加えた。「私のおばあちゃんがやってるやつは、いつでもちゃんと決着がつくようになってる」

「もう宝くじもギャンブルも存在してはならないってことになっちゃうよ」とアルヴァロが言った。「だって宝くじやギャンブルの場合も、外《はず》れた人はいつだって悲しい思いをするからね。あ、だけど、そうなるとけっこういいこともありそうだなあ……」

「どういうこと？」

「進級できないかもしれないって心配をもうぜんぜんしなくても済むじゃないか。課題や試験があってもいつもみんな自動的にそれに受かっちゃうんだ。だから、もう誰も苦しまなくて済むってわけさ」

みんなは笑った。セプルベダ先生は何か答えようとしたが、彼も笑わずにはいられなかった。それで、笑いとともにその話し合いは終わりになった。


授業後、カミラは友人のグローリアと率直に語り合った。

「レベッカのことをいったいどう思う？」

「なんだかとても悲しいわ」とグローリアは答えた。

「でもレベッカがあれほど苦しめられる必要はなかったとも思わない？」

「それはわからないわ」とグローリアは言った。「だって、もし付き合っていた二人が別れるとしたら、どっちかがより多く苦しむことになるのよ。そういうのって珍しいことじゃないわ。テレビでもしょっちゅう目にするし、私が読んだ恋愛小説でも同じようなことが起こっているわ。ねえ、ちょっと私のお母さんに訊いてみない？　きょう家においでよ。お母さんもきっとよろこぶわ！」

カミラは名案だと思った。グローリアの家から両親のところに電話をして、グローリアの家に泊まるつもりだと伝えた。そういうわけでカミラとグローリアは邪魔されずに、一晩じゅういっしょに過ごせることになった。グローリアの母親もまじえた三人は、居間のソファーでくつろいでいた。ほどなく、カミラがもう一度例の話を口にすることができるような雰囲気になった。

「おばさんは、レベッカのボーイフレンドの行いは、道徳的に正しかったと思いますか?」

「もちろんよ」とグローリアの母親は言った。「レベッカを愛してはいなかったのだから、彼がレベッカと結婚しなかったのはかえってよかったのよ。もし彼がほかの女性と結婚しなかったとしても、レベッカ自身の幸せのために彼女と別れるべきだったわ」

「でも彼は、レベッカの苦しみをちっとも考えてなかったじゃないですか!」

「確かなことは私たちにはわからないわ、カミラ」とグローリアの母親は言った。「だけどあなたがこの話のどこに納得できないかはわかるわよ。レベッカが苦しまなければならなかった、というところに耐えられない思いがするんでしょう?」

「そう、そのとおりなんです。だって彼女が何かしたわけじゃないのに、突然、人生を台無しにされるような目にあってしまったんですもの。彼女にはそんな仕打ちを受ける筋合いはなかったはずです」

「いい? たしかにまわりの誰かを苦しませるようなことはすべきじゃないわ。でも、レベッカのような場合の苦しみは、避けようがないのよ」

「なぜ避けようがないんですか？　私にはわかりません」

「なぜなら、それは愛にかかわることだからよ。もしあなたが誰かを愛したとしたら、そのときあなたはその人が自発的に愛に応《こた》えてくれることを望むでしょう？　愛を強制することはできないものね」

「そのとおりよ！」と今度はグローリアが口をはさんだ。「人の気持ちを強制することなんてできないわ」

グローリアの母親は続けた。「愛することも愛に応えることも、自由を前提にしてはじめてもてる感情よ。レベッカの苦しみについて、レベッカのボーイフレンドに責任を負わせることはできないの。レベッカの苦しみを引き起こしたのが彼だったとしてもね」

カミラはその考えに強い印象を受けた。

「それじゃあ、レベッカのボーイフレンドには、彼女の苦しみに対して責任がなかった……」

「ええ、まったく」とグローリアの母親はもう一度言った。「さまざまな形をとる苦しみを、世界からぜんぶ追い払ってしまうなんてことはできないのよ。考えてみて、苦しみのまったくない世界がどんなものになるかを。そういう世界では、自分の愛に応えてくれる人物だと最初からわかっているような人間だけを、しかもこの愛によって第三者が苦しむことはないと確信できるような人間だけを愛することになるでしょうね。そんな世界によろこんで暮らす気になる?」

「たぶんそんな気にはなれないわ」とカミラは考え込みながら言った。

「ほかのところもへんてこな世界になると思う」とグローリアは言った。「たとえば、もう勝負事はやっちゃいけないとか」

「いったいどうしてそんなことを考えついたの、グローリア?」とグローリアの母親が尋ねた。

「セプルベダ先生が今朝《けさ》私たちに、こんなことを指摘してくれたの。スポーツや賭け事のような勝負事では、みんな勝ちたいと思っているから、敗者はいつも負けた苦しみを味わう。もし敗者の苦しみをいっさい防ごうと思うなら、勝負事を禁止するしかないだろうって」

「それはそうね」とグローリアの母親は言った。「それ以外にも、私たちの暮らしをめちゃくちゃにしてしまうようなおかしなことが出てくるでしょうね。たとえば、もし映画館のチケット売り場の列に並ぶとしたら、私は最後のチケットを買っちゃいけないってことになるわ。だって、その最後のチケットを買うことで、私の後ろに並んでいた人に苦しみを与えてしまうかもしれないもの。それから、優れたヴァイオリニストはいてはならないってことになっちゃうでしょうね。なぜなら、どんなに努力しても彼のレベルに届かない人々を、そのヴァイオリニストが羨《うらや》ましがらせてしまうからよ」

「そうですね、苦しみのない世界が実際は不条理なものであるということが、だんだん私にもわかってきました。完璧な世界にだって、さまざまな苦しみが存在するんだろうと思います」

「もちろんよ」とグローリアの母親は言った。「他人が引き起こすのではない病気とかの苦しみについては、ひとまず横においておきましょう。それでもやっぱり、望んでいるわけでもなく、不注意であったわけでもないのに、その人の行いが別の人に痛みを引き起こさずにはいない、ということはあるのよ。あなたが行うことによって苦しむのは自分とは別の人なのだけれど、そういうとき、それは基本的にはその人自身がかかえるしかない問題なのよ」

「そういう苦しみを避けようとすれば」とカミラが言い添えた。「あらゆる人にとってとても重要なこと、たとえば勝負事に加わることや、誰かを愛したり自発的に愛し返されたりすることも、諦《あきら》めなくちゃならなくなっちゃうんだものね」

カミラは、同意はしたものの、依然として確信がもてないでいた。グローリアにはそれがわかったようだった。

「見たところあなたはまだ完全に納得したわけではなさそうね、カミラ?」

「なんか引っかかるのよね。レベッカがとっても苦しまなくちゃならなかったということが」

グローリアの母親はもう一度説明しはじめた。

「ある行為が自分に対してなされることを私たちが望むことができない場合には、他者のその行為は道徳に反する——これは、たしかにそのとおりよ。でもここで言われる「私たちは望まない」は、あらゆる人に対してあてはまるような普遍的な規則としても、つまりいつでもどこでも誰に対してもあてはまるはずの規則としても理解できるものでなくちゃならない。つまり、「私たちは望まない」は、誰もそのように行為しないことを私たちは望む、という意味で受け取る必要があるのよ。もしレベッカがボーイフレンドの立場に身を置いて、自分ならそのときどのように行為したかをよく考えてみたら、愛のない結婚はすべきではないということがレベッカにも明らかになったでしょう。だから、すべての人間はレベッカが望んだようにふるまうべきである、というような普遍的な規則は、ありえなかったはずだわ。したがって、レベッカは、ただ自分が失恋した側にいるという理由だけでその男性を非難するわけにはいかないのよ。わかったかしら、カミラ?」

「今やっとわかりました」とカミラはほっとしたように言った。「規則が普遍化できるかどうか、が重要だったんだわ！」

グローリアの母親は微笑んだ。

「私も、ようやくそのことを正しく説明できたようね。私たちには、その男性の決心を批判できるだけの理由がないのよ。私たちが誰かを非難できるのは、私たちみんなが普遍的に望むやり方でその人がふるまわなかったときだけだからよ。もちろんレベッカは、事態がちがったふうに進展することを望んだと思うわ。でも、彼女自身だって、そのことを普遍的な規則として望むことはできなかったはずよ。だから、そのボーイフレンドを非難するわけにはいかないのよ」

カミラとグローリアはその結論に満足した。ただし、根《こん》を詰めて考えたので疲れてしまい、すぐに眠り込んでしまった。

次の日、グローリアは学校に向かう途中で、もう一度きのうの話題を取りあげた。

「今朝《けさ》になってどう、カミラ？　いまレベッカのボーイフレンドについてどう思ってる？」

「彼の行為は正しかった、といまは思っているわ。それだけじゃない。かりに彼がほかの人と結婚しなかったとしても、レベッカが自分を愛しているってことに気づいたとしたらすぐに、レベッカと別れるべきだったと思う。あなたのお母さんがきのう言っていたとおりだわ。気持ちにズレのある関係は、二人のどちらにとっても好ましいものじゃないもの」

4　約束することと欺《あざむ》くこと

カミラは、グローリアの母親が与えてくれた認識を、何度も考えずにはいられなかった。つまり、この世界に存在する苦しみを減らすことが道徳の目的なのではない、ということを。「でも、もしそうでないなら」と彼女は自問した。「どんな行為が許されてどんな行為が許されないのか、どうやって知ることができるのかな？」そのときカミラが思いついたのは、道徳に反する行いを並べたリストをまず作成し、そのあとで、まだほかに抜けている行いがないかどうかチェックすることだった。それには、友だちみんなの助けが必要だ。それでカミラは、次にみんなで集まったときに、自分の考えを単刀直入に切り出してみた。

「このあいだいっしょにあれこれ話し合ったけど、それで何か具体的な成果があったと思う？　どんなときでも非道徳的であるような行いって、いったいどんなものがあるかしら。私、リストを作って、ひょっとして何か重要なことを私たちが見落としてないかどうか確認してみたいと思ってるの」

「そうか」とマヌエルが言った。「それじゃあ、もう一度おさらいしてみないとね。よし、そうしよう。どんな状況でもわるいことは何かっていうことについて、ぼくたち、どんな話をしたっけ?」

「少なくともほかの人をひどく痛めつけるようなことはそうね」とグローリアが言った。「その場合は、わざとそうしたのか、うっかりしていてそうなったのかは、まったく関係ないわ」

「たしかにそうだね」とマヌエルは言った。「でも、それとは別に、直接苦しみを引き起こすわけじゃなくても、許されちゃいけない行いもあったよね?」

「何のことを考えてるの?」アルヴァロが訊いた。

「はじめに確認したじゃないか。苦しみにつながるとはかぎらない害っていうものがあるって。思い出してごらんよ。そもそも被害者が何も痛みを感じないやり方で殺人を犯せるケースがあるんだったよね。それでも、ぼくらは殺人をいちばんひどい犯罪だとしたんだ」

「盗みも同じよね」とカミラが言った。「持ち主にぜんぜん気づかれないで盗みを働けるいろんな方法があるわ。そういうとき、苦しんだかどうかは問題じゃない」

「つまり、害を与えるということには二つのグループがありそうだってことだね」とセバスティアンが続けた。「苦しみを引き起こすものと、そうじゃないものと」

「そう、そのとおりね」とカミラが言った。「盗みや殺人は明らかに、害を受けた人と苦しみとが結びつくこともあるし結びつかないこともある行いのグループに入るわ。そしてそれとは別に、かならず苦痛を引き起こす行いもある」

「たとえば？」とグローリアが尋ねた。

「たとえば殴ったり、拷問したりすることよ」とカミラが答えた。

「じゃあ誘拐はどっちになる？」とセバスティアンが訊いた。「誘拐の場合、肉体的な苦しみと精神的な苦しみとが切り離せないよ」

「でも、誰かが君を、少しも肉体的な危害を加えないで誘拐するってことだってありうるだろ？　そうしたら君は精神的にも苦しまなくていいかもしれないよ」とアルヴァロは反論した。

「たしかにね」とマヌエルが言った。「でもその場合のいちばん大きな害は、自由が奪われてしまうことだよ。だから、そういうときに人が苦しまないなんて、それっておかしくないか？」

「あと、こういうことについてはどう思う？　誰かが小さい子のおもちゃを奪うとか、ほかの人はみんないっしょに遊んでいるのに、一人だけ仲間外《はず》れにするとか」ふたたびカミラが言葉をはさんだ。

「どっちも、一種の虐待だと言えるわね。体の苦しみはないけど」とグローリア。

「でもそういうときは、どこに害があるんだろう？」とセバスティアンが訊いた。

「誰かが自分の望みを叶《かな》えようとするのを、別の誰かが邪魔するってところね」とカミラが答えた。「理由もないのに誰かがあなたをパーティーに行かせないっていうことと同じよ」

「害を受けた人がそのことに気づかないかぎり苦痛と結びつかないという害なら、ほかのケースも知ってるよ」とマヌエルは言った。

「どんなこと？」とカミラが尋ねた。

「陰で人の悪口を言う場合さ。悪口を言われてるってことに気づくまではその人は苦しまないけど、それでも害は受けてるよね」

「でもたしかに、気持ちを傷つけたり侮辱したりするようなことを面と向かって言ったら、きっとその人につらい思いをさせちゃうわ」とグローリアは言った。

「それは、その人がどう受け取るかによるんじゃないかな」とセバスティアンが反論した。「たとえばぼくだったら、みんながどれだけぼくのことをあからさまに侮辱しても平気だよ。言われた言葉のせいで心を揺さぶられなければ、何を言われたってつらい気持ちにはならないさ」

「ちょっと待って」とマヌエルが言った。「侮辱については、それを被害者がどう受け取るかで、二つの種類の害のどちらにも入るかもしれないってこと？」

「まあ、そうなんだけどね。でも、他人に何を言われてもぼくが平気でいるとしたら、いったい何が害になるのか、ぼくにはよくわからないんだ」

「見下されているっていうか、軽く見られているっていうか、そこに、害があるんじゃないかしら」とグローリアは言った。「たとえその人自身は気にしなくても、たぶんほかの人たちにも聞こえているもの」

「ええ、そのとおりね」とカミラが言った。「侮辱したり悪口を言ったりすることが、どうしてこんなに私たちの反感を買うのか――そのわけは、いまグローリアが言ったことにありそうね。それじゃあもう一度リスト作りに戻りましょう。人につらい思いをさせるのを目的にしている行いで、ほかに知っているものはない？」

アルヴァロはすぐに何か思いついた。「もちろん知ってるよ。大きな害を生み出すような質《たち》の悪いジョークがそうさ。たとえば同級生の誰かにこう言ったとする。君はこのあいだの課題に四をつけられていたよ、たまたま先生から聞いちゃったんだって。でもほんとうはその子は二なんだ。じつはこないだ、それをちょっと試しにやってみたんだよ。悲惨なことになっちゃったけどね。彼はすっかり真《ま》に受けて、何時間も安心しきっていた。それで二のついた課題を手にしたとき、彼ははじめのうち、どうしても信じられなかったんだ。それから泣きわめきはじめて、もうなだめようがなくなっちゃった」

「ひどい話だけど、わかりやすい例ではあるね。でたらめや嘘を言うこともリストのなかに加えたほうがよさそうだ」とマヌエルはそっけなく言った。

「でも」とセバスティアンが言った。「もしその冗談がまったく逆のものだったら、どうなるのかな。つまり、もしアルヴァロが、ほんとうは四の成績をとっていた奴に、二だと言ったら？　その場合は、たしかにそいつは最初は苦しむだろうけど、最後には最高に幸せになったはずだ」

「嘘をついたのに、その場合、何も悪いことはしなかったというわけね」とグローリアが言った。「それはつまり、人を騙《だま》すことがいつもわるいとはかぎらない、という意味？」

「もちろんさ」とセバスティアンは言った。「騙すことが人につらい思いをさせるときだけ、それはわるいことなんだよ」

「君の言うとおりかもしれないけど」とマヌエルは慎重に言った。「それだと、なんかすっきりしない。はじめは、別の可能性もいちおうぜんぶ考えてみたほうがいいんじゃないかな」

「たとえば約束を守ってもらえないときには、かなりつらい思いをすることがある」とセバスティアンが言った。

「前に一度、叔父さんがぼくに」とアルヴァロが言った。「サッカー・スタジアムに連れていってくれるって約束をしたんだ。ぼくが算数で四の評価をもらう、なんてありえないような事態が起きたら、という条件付きでね。ぼくは生まれてはじめてっていうくらい猛勉強して、ほんとうに四をとってみせたんだ。それでそのとき、チケットをもって土曜日じゅうずっと叔父さんを待っていたんだけど、どうなったと思う？　彼は来なかったんだ。当の叔父さんは、そのことをすっかり忘れてたんだよ。わかる？　そのときぼくが叔父さんに対してどんなに腹を立てたか」

「嘘をつくことと約束を守らないことは、どっちもわるいことだし、けっしてしちゃいけないことだわ」とグローリアは言った。

「ぼくもグローリアの言うとおりだと思う」とマヌエルが賛成した。「約束を破ることや嘘をつくことは、人を苦しませなくても、わるいことだとされるべきなんだ。たとえ誰も苦しませなかったとしても、やっぱりわるいんだ」

「それには納得できないな」とセバスティアンが言った。「約束が守られなかったり嘘がつかれたりしたって誰も苦しむ人がいないなら、害だって起こってはいないんだから」

次の時間は、ラミレッ先生の受けもつ歴史の授業だった。ラミレッ先生は、このクラスではとても人気があった。彼は、授業で自主的な意見をたいへん重視するので有名だったので、生徒たちは彼に助言を求めることに、ためらいを感じなかった。

「ラミレッ先生、ぼくたち、いまちょうど取り組んでいる問題があるんですが、助けてもらえませんか？」

「何か大切なことなら、よろこんで手を貸しますよ」

マヌエルはアルヴァロに、もう一度叔父さんとのあいだに起きた出来事を説明するよう促《うなが》し、アルヴァロの話が済むと先生にこう質問した。

「かりに、もしアルヴァロが叔父さんを待たないで、そのかわり友だちとサッカー・スタジアムに行っていたら、何か害が引き起こされたことになるでしょうか？」

「それはもちろん、私たちが害というものをどうとらえようとするのかによります」とラミレッ先生は言った。

「人を騙《だま》す、嘘をつく、約束を守らない、ということも道徳に反する行いですが、殺人や盗み、虐待といったこととは性格がちがうので、別のグループに分類したほうがいいと思います。このグループに入る行いは、人間の身体の不可侵性を誰もないがしろにしてはならないという掟《おきて》を破ったり、生命、財産を直接脅かしたりするのとはちがいます。ただし、もし誰かが約束をしたら、その人は相手に対して義務を負うことになります。その約束を守らなければ、自分が相手にいだかせた信頼を裏切ることになるのです。根本的にはこれと同じ構造が、嘘の場合にも見られます。というのは、誰かと話をするとき、私たちは基本的に、相手が自分を信頼してくれていると思うものだからです。何か事実とちがうことを主張するならば、その信頼を裏切ることになるのですよ。何かを約束して、そのあとで守らないという場合には、とくにそうです。

もう一度さきほどの質問に戻りますとね、マヌエル、つまりこう言えるのではないでしょうか。その場合に引き起こされている害というのは、信頼が裏切られているということにほかならない、と。つまり、たとえつらい思いをぜんぜんしなくても、私たちはまぎれもなく害をこうむるということがありえるんです」

カミラがそれについて例をあげた。

「ラミレッ先生、私も約束を破ってしまって、最近とても気まずい思いをしました」

「そうですか、話してみてください」

「木曜日に友だちから映画に誘われたことが、すべての始まりでした。彼女が言うには、いとこがチケットを何枚かくれたそうなんです。新作が最高だからって。実際、映画はとっても素晴らしくて、ほんとうにたっぷり楽しめました。私たちはそのあと、いろんな人たちに映画のことを話して、何日ものあいだずっとそのことで頭がいっぱいだったんです。

　突然、私は、はっと思い出しました。大切なことを忘れていたって。というのは、母からその数日前に、祖母が病気だからちょっとお見舞いに行ってきてほしいと言われていたんです。私は祖母がとても好きで、祖母も私を可愛《かわい》がってくれています。それで祖母に電話をして、話しました。木曜日にお見舞いに行くねって。祖母は「約束ね、カミラ」と訊きました。もちろん私は、「ええ、約束よ」と言いました。

　でも映画に誘われたとき、なんだかぼーっとしていて、木曜日の予定はもうそのときには埋まってしまっているってことに頭がまわらなかったんです。だって、あの映画のチケットがまだ手に入るってこと自体、特別なことだったんですもの。それに、親友といっしょだし、そのうえ無料チケットなんですよ。ほんとうにとっても魅力的な話だったんです。結局、私はためらいなく誘いを受けました。そのときせめて、祖母に連絡すべきだったんです。でも私はそのことも忘れてしまっていました。それか、もしかすると連絡すること自体、あまり真剣に考えていなかったのかもしれません。今ではもう、よく憶《おぼ》えていません。

数日経ってから祖母のところに行ったとき、彼女がとてもがっかりしていることに気づきました。それで、約束のことをあらためて思い出したんです。どうして約束を破ってしまったのかを説明しようとしましたが、彼女はわかってくれませんでした。「あなたは、来るって約束したでしょう？」と祖母は言いました。「うん、たしかにしたわ。でも別の誘いがあって、私にはそれも大切なことだったの」と私が言うと、祖母は、「わかってはいるのよ。この話はもうよしましょう。あなたが来てくれるのをとても楽しみにしていたっていうだけのことなんだから」と、とても悲しそうに言いました。「おばあちゃん、一人ぼっちでいたから怒ったの？」と私が言うと、祖母はこう答えました。「それも、たしかにあるのよ。ずっとあなたを待ちつづけて、いらいらしてしまったわ。でもね、大事なのはそこじゃないのよ。あなたが何かを約束したら、ほんとうに守ってくれるものだと私は期待するわ。そのことがあなたにとって少しも大事じゃなくて、約束したあとで結局自分のしたいことをしてしまうのなら、私はあなたを信じられなくなってしまうのよ。あなたが私の言うことを真剣に受けとめていないことがわかるし、そうするともう、私もあなたの言うことを、残念だけど真剣に受けとめることができなくなってしまう。そういうものなのよ、カミラ」って」

マヌエルはこの日、家に帰り着くと、すぐに両親と話してみた。

「いったいどうして約束を守ることがそんなに重要なの?」と彼は訊いた。

「それはみんなが共に暮らしていくことを支える、いわば土台のようなものだからだよ」と父親が答えて言い、息子がいつものようにその意味を尋ねると、こう続けた。「約束が守られないことによる問題の根本には、不信が生じてしまうということがある。そして、不信が芽生えると私たちは、いままで自分たちを支えてくれていた共通の土台が足元からなくなってしまったように感じるんだよ。もしおまえが信頼している人が、おまえと約束をして、それが守られなかったら、そこで信頼関係は崩れ去ってしまうだろう? 約束というのはね、一人ひとりちがう人間の行いや感情が調和し合うための大事な手段なんだよ。でも、このデリケートな編み物は破れてしまうことがある。不信が優位に立ってしまうとね」

「お父さん、行いや感情の調和ってどういう意味?」

「私が考えているのは、社会というものがどのように形づくられているかということだよ。自分の目的を叶えようとするとき、私たちはみんな、かならずほかの人たちをあてにしているんだ。たとえば、通勤や通学のときに、バスや電車が時間どおりに動いていてくれないと困ったことになる。ゴミを回収してくれる人々を私たちは必要としているし、買い物をするためには、決まった時間にいつも開いている店がなくちゃならない。こういう例は、たぶんいくらでもあげられるだろう。もしおまえが、靴を靴屋に持っていったら、こう信じているはずだ。修理はいついつまでに終わって、はじめに言われた以上にお金がかかることはないって。同じように、靴屋は靴屋で、こう思っている。おまえがそのうち靴をきちんと取りに来て、ちゃんと料金を払ってくれるはずだってね」

「なるほどね。お父さんの言いたいことがわかったよ」とマヌエルは言った。「ただ、感情ということのほうは、まだよくわからないんだけど」

「人間どうしのプライベートなつながりにかんすることよ」と母親が言った。「この場合には、信頼を失うことは、もっと深刻な結果を招くことになるわ。もし友だちと約束をしていながら、それを守らなかったなら、あなたたちの友情そのものが危うくなってしまうでしょう？」

マヌエルはラミレッ先生との会話をまた思い出した。すべてが、とても納得できるものだった。

「ねえ、マヌエル」と母親が言った、「あなたがまだ小さかった頃、お父さんと私が夕方に外出して、あなたを長時間一人にしたことがあったの。私たちは、これこれの時間までに戻ってくるってあなたに約束した。あなたが不安にならないようにね。でも、事情があって遅れてしまったのよ。それであなたは、当然のことだけど、不安になり、しまいにはパニックを起こしてしまったの。とにかく私たちが帰ってみると、あなたはとても怒って叫んだわ。「ひどいよ！　言ったじゃないか、時間に間に合うように帰ってくるって。ぜんぜん約束を守ってくれない！　ぼくがちょっと何か守らないと、いつもすぐ怒るくせに、自分たちは別なんだね。お父さんたちに何かあったんじゃないかってとっても心配していたんだ！」ってね」

「そんなことぼく言ったの？」マヌエルはほんとうにびっくりして訊いた。「とっても不安だったことが昔あったということはぼんやりと思い出せるけど、そんなに激しく非難していたなんて知らなかったよ。それからどうなったの？」

「なんとかあなたをなだめたわ。ちょっと時間に遅れはしたけど、ほかにトラブルは何もなかったんだから。もちろんあなたは不安を感じてしまったわけだけど、なにもそうたいしたことじゃなかったのよ。まあ、親には親の都合もあるってことかしら。ちょっと遅刻するようなときにはね。子どもにはわからない用事や付き合いが、親たちには多いのよ。残念だけど、約束を守れないこともあるわ」

「でも、それは、正しいことじゃないと思う」とマヌエルは強い口調で言った。「今になって、あらためてわかるんだ。どうしてそのとき、ぼくがそんなに怒ったのか。子どもにだって大人とまったく同じ権利があると思うんだ。何か約束したら、両親はそれをちゃんと守るべきだよ。親にそうしてほしいって、どうして子どもが望んじゃいけないの？」

「まったくおまえの言うとおりだよ、マヌエル」と父親が言った。「私たちはあのとき、おまえに対してよくない印象を与えてしまった。それは、はっきりしている。遅刻のほかにはたしかに何も起こらなかったけれど、私たちに対するおまえの信頼は損《そこ》なわれてしまったし、それはけっして軽く見ていいことではない。親に対する信頼は子どもにとってとても大切なことなんだからね。ベビーカーの赤ん坊だって、もう学んでいるんだ。少しのあいだいなくなることがあっても、母親はかならずまた戻ってくるってね。両親が子どもの信頼をしょっちゅう裏切れば、その子は、人と親密につながることを重荷に感じるようになってしまうだろう。人間の共同生活の根本にあるのは、つねに信頼なんだ。もし子どもが信頼なしに育ったら、あっというまにひどい自己中心的《エゴイスト》な人間に成長してしまう」

「そうだね」とマヌエルは言い、思わずまた、ラミレッツ先生の時間にした議論を思い浮かべた。

「ちょうどゲームをするときのようなものだよ」と父親は続けた。「もしある人が、いつも自分にだけ都合のいいようにルールを解釈していたら、すぐに誰も、もうその人と遊ぼうなんて思わなくなる」

「でもそれは、些細《ささい》なことじゃないかな」とマヌエルが言った。

「そう思うのは大まちがいだよ」と父親は応じた。「社会での共同生活におけるふるまいは、ゲームの場合ととてもよく似ているんだ。守るべき暗黙のルールがあって、ごまかしや詐欺行為が許されないってところがね」

「詐欺行為って、いったいどういうこと？」マヌエルはまた尋ねた。

「自分が得《とく》をするために人を騙したり人に害を与えたりするようなことだよ」

「たとえば？」

「たとえば、ある人が文書を偽造すること。それとか、ある状況で、重要な情報を隠すこと。秘密の会話の内容を外に漏らすこと。学校で、人の答案や宿題を書き写すこと。大事な仕事をズル休みすること。ありがちなことだが、教える側が教えられる側を正しく評価しないというのもそうだ」

「どんな人だってそんなことをしたら、罰せられるべきだよ」とマヌエルが言った。

「そう、おまえの言うとおりだ」と父親が答えた。「ところで、こういうことはすべて、たとえ被害を受けた人がそれに気づかなかったとしても、やはりひどいことだと私は思うんだけどね」

「そうだね、ゲームでズルをするような感じだ」

「ほら。ついさっきおまえは、そんなにひどいことじゃないと言ったんだよ。でも私たちは、ゲームをつうじて社会的なふるまいを身につけるんだ。考えてもごらん。誰かが、たとえばおまえ自身が、ごまかしだけでゲームに勝ったとする。それで、自分の勝利をよろこぶ気になれると思うかい？」

「そこまで図太くなれたとしたら、それがなぜいけないの？」

「もう少し考えてみるんだ。自分がお金に関係なくゲームをしたとする。おまえはごまかしをしたが、お金を手に入れたわけではない。目的はただ一つ、勝つことだけだったから。傍《はた》から見たらおまえが勝利したことに変わりないが、自分自身の意識のなかではちがう。そのことに誰も気づいていないし、だから誰も非難しようとはしないけれども、おまえは勝利を楽しめないはずだ。自分がほんとうは勝ってなんかいないことを知っているんだからね。この例からわかるように、ゲームにはつねに信頼が必要なんだ。現にみんながルールを守っている、という信頼が。もしそういった信頼が成り立っていないと、ゲームは意味を失ってしまうんだよ」

数日後にふたたびラミレッツ先生の授業がめぐってきたとき、先生はクラスの生徒たちに尋ねた。前回の授業の時間に議論したことについて、もう一度よく考えてみただろうか、と。

「もちろんです」とカミラが言った。「それに、わかったんです。害ってことの意味にまだはっきりしないところがあるってことが。ちょっとしたごまかしでしかなくても害を引き起こす場合があるっていうことに、私は気がつきました。その害とは、信頼の喪失ということです。そのとき、それ以外の結果がさらに引き起こされるかどうかは、まったく関係がありません。ただ、もしそういったごまかしに被害者がぜんぜん気づいていなかったとしたら、どうなるんでしょう?」「信頼の喪失」という概念のもともとの意味を考えると、信頼が裏切られたことに当人が気づいている必要があるような気がするんですが」

「その質問については、例《たと》えを使って考えてみましょう」とラミレッツ先生は言った。「結婚生活については、誠実さとか裏切りとかいったことがあれこれ言われていますよね。ちょっとした浮気なら、パートナーがそれを何も知らないとすれば、そうひどいことでもない、と言う人がこの頃はよくいます。この場合には、信頼の裏切りは気づかれないままでいるわけです。さて、そういう不倫行為は、ほんとうに許されてよいものでしょうか。君たちはどう思いますか?」

「ぜったいにいけないと思います!」グローリアが叫んだ。「それは人が、どんなことがあってもけっしてしてはならないことです。かつておごそかに立てたはずの誓いが、結局は破られるなんて。パートナーがそのことを耳にしたら、冷静でなんかいられないはずです」

「裏切られたパートナーの立場で考えてみると、ひょっとしたらそうひどいことでもないかもしれませんよ」とラミレッ先生が言った。「不倫行為が明らかになってしまったら、パートナーはいったいどういう反応を示すでしょう?」

「怒ったり泣いたりするにきまってます」とグローリアが言った。

「だけど、相手が自分の裏切りを認めないで、それを隠しておく場合のほうが、信頼の喪失はもっと深刻です」とカミラが付け加えた。

「では、とりあえず、ある人がただ疑っているだけという状況を考えてみましょう、相手が自分を騙しているかもしれない、と」ラミレッ先生は言った。

「その場合はその人自身の問題じゃないかな」とアルヴァロが言った。「だって、もしかしたらその人がすべてを勘違いしているだけかもしれないし」

「それでも、パートナーはその人につらい思いはさせているでしょ」とグローリアが言った。「信頼が失われてしまったということには、変わりないんじゃないかしら」

「それでは、今度はこう仮定してみましょう。裏切られた人がいて、その人自身はそれについてまったく何も知らないが、その不倫についてその人以外の別の人たちは噂話《うわさ》で知っている、と。その人たちは、何も知らないパートナーのことを気の毒だと思うのではないでしょうか？」

「気の毒がるだろうというのは、どうしてですか？」とセバスティアンが訊いた。

「だって、不倫のせいで裏切られているパートナーは」とマヌエルが説明しはじめた。「結局は夢のなかに生きているのとかわらないっていうことになるじゃないか。自分は幸福な人生を生きている、パートナーから愛されているってその人は信じているのに、現実はまったくちがうんだよ。これって誰かがとんでもない詐欺にあって全財産を失ったのに、そのことに少しも気づいていないっていう場合と、ほとんど同じことじゃないか」

「ぼくは、それは同じじゃないと思う」とセバスティアンが言った。「そういう詐欺の場合には、金銭の損失がたしかにある。それとはちがって、誰かが裏切りにあうときには、裏切られた人がそのことに気づかないかぎりは、害は発生していないじゃないか」

「でも、たとえそのときに何も気づかなかったとしても、それに、それからあともずっと気づかないままでいるとしても、やっぱりその人は人生全体を一つの大きな幻《まぼろし》のなかで生きているっていうことになってしまうわ」とカミラが言葉をはさんだ。

「ここでは、もしかしたらギリシア神話のイクシオンの話が参考になるかもしれません」とラミレッツ先生が言った。「イクシオンは、死すべき存在、つまり人間だったんですが、ある日、すべての神々の長であるゼウスから、神々の住む場であるオリンポス山に招待されました。その場所で彼は、ゼウスの奥方のヘラに恋をしてしまい、彼女を誘惑しようとしました。ゼウスは興味津々《しんしん》となり、イクシオンの努力がどこまで及ぶかと、ヘラにそっくりの幻を作り出しました。この雲に言い寄ったイクシオンの行いは、全オリンポスで物笑いにされたのですが、彼はヘラを誘惑できたと思い込みました――。私にはカミラの発言にあった大きな幻というものが、この話のなかにうまく表現されているように思えます。イクシオンは、自分が手にしていると思っているものを実際にはぜんぜん手にしていないのですからね。彼の望みは、雲を手に入れることではなくてヘラを手に入れることだったのですが、そのヘラを得ることはありませんでした。そういう幻から引き剝がされることほど、ひどいことはありません。さて、幻のなかに生きて一生のあいだずっと騙されているほうがいいと思う人がいる、と君たちは考えますか？」

「もちろん、そうは思いません」とマヌエルはきっぱりと言った。「誰もそんなことを望むはずがありません。しかも、気づいたときに苦しむというのは、そうした状況を害悪だとその人も考えているからにほかなりません。彼は、そのときこう言うと思います。「長いあいだ私はひどい目にあっていたんだ、そうとは知らなかったが」と。こう言えるのは、騙されていることを知らずにいたあいだも、彼はすでにひどい目にあっていたからこそです」

「たしかに、そうよ」とカミラも言った。「しかも、他人をそんな立場に追いやった人は、きっと罪悪感をもつにちがいないわ。たとえ騙された人が何も気づかなくても」

「少なくとも、どうしようもないほど薄っぺらな人間でなければね」とグローリアが言った。

「ぼくにはどれも、かなり現実離れした話に聞こえるよ」とセバスティアンが言い返した。「相手が不誠実な人間だとしたら、たしかにパートナーはいつか疑いをもつようになるかもしれない。でも、そうならなかったとしたら、どうだろう？　それでも何か悪事が行われたっていうことになるのかな。パートナーが気づいていなければ、何もなかったのとほぼ同じだよ。そもそも、感じられていないことは存在もしていない。ぼくには、そう思えるけど」

「それはまちがいだと思う」とマヌエルが言った。「もし誰かが盗みを働かれて、あとになってはじめてそのことを知ったとしても、害はやっぱり盗みを働かれたというところにあるんであって、それについて知るのが遅かったというところにあるわけじゃない。不誠実についても、まったく同じさ。害は、騙されたという点にあって、それを知っているかどうかは問題じゃないんだ。何かに気づくことが不利益であると言えるのは、気づくその事柄がそれ自体ですでに害である場合にかぎられるんだよ」

「それはまあ、それでもいいよ。でも、多くの人は、自分が騙されているんだっていう事実は、ぜんぜん知らないでいるほうがいいと思っているんじゃないかな」とセバスティアンは反論した。「それはつまり、こう思っている人が多いということだよ。自分たちが害に気づいていないかぎりは、害を受けていることにはならないって」

「だけど、それでも害は存在しているのよ」とグローリアは言った。「少なくとも神様はちゃんとご存じだわ」

「また神様か。人間がみんな神を信じているわけじゃないんだよ」

ラミレッツ先生は、この議論をまとめようとした。「害や不利益は、たとえ当人が何も知らないでいたとしても、たしかに存在するのではないでしょうか。その点ではグローリアは正しい。けれども別の点では、セバスティアンも正しいと言えます。多くの人は自分が騙されているということを知りたがらない、と指摘している点です。もっとも、すべての人が同じような態度を示すわけではなく、純粋なワインを注いでもらう（＝ほんとうのことをはっきり言ってもらう）ことを望む人たちもいるかもしれません。倫理においてつねに大事なのは、自分が人からそう扱ってもらいたい、と思うようなしかたで行動しているかどうかと自問してみることなのです。これを私たちのいまのケースにあてはめるなら、私たちは次のように問わなければなりません。誰かに騙されたとき、そのことを言ってもらうのと言わないでもらうのと、自分だったらどちらがいいだろうか？　と。この問いに対してみんなが同じように答えるということはないと思われます。セバスティアンの知り合いには、言わないでもらいたいと答える人たちのほうが多いようです。でも、みなさんは、こう思いませんか？　そうした態度は、現実を見ないで済むように頭を砂のなかに突っ込んでいるダチョウの姿を思わせる、と」

5　黄金律と敬意

ふだんよりも早く授業が終わったが、彼らは、まだ家に帰るつもりはなかった。そんな日にはいつもそうするように、お気に入りの溜まり場（学校から通りを二つはさんだところにある広場）に向かってぶらぶら歩いた。マヌエル、カミラ、セバスティアン、グローリア、アルヴァロはその広場でいっしょに腰をおろすと、太陽の下できらきら光っている目の前の噴水めがけて無言で石を投げていた。

マヌエルはふと、考えていることを口にしはじめた。「頭がこんがらかっているよ。ちょっと前までぼくは、わるい人間なんてほとんどいないと思っていたんだ。少なくともぼくらのまわりには。ぼくらはみんな善良で、たまにちょっとしたまちがいをするだけだと思ってたんだ。でも、いまではそう思えなくなっちゃった。よい人間がいるってことのほうが、もうほとんど信じられなくなってる」

「どうして急にそんなに悲観的になったの?」とカミラが尋ねた。

「ぼくらはこれまでかなりたくさん時間をかけて、わるい行いについて話してきたし、あれこれ実例も深く考えてきた。それなのにまだ、いったいどんな場合に行いがほんとうにわるいって呼ばれなくてはならないのか、それを見分けるための規準《よりどころ》をぼくはまだ手にできていないからさ」

「ぼくには君が何を悩んでいるのかわかんないな」とアルヴァロが言い返した。「だってぼくらは、どの行いがわるいのか、ともかく選び出したじゃないか。そうだろ?」

「そうよ」とグローリアが付け加えた。「とにかく、わるい行いの長いリストを手に入れたんだもの。どんなことをしたらだめなのか、もう十分わかってるじゃない」

「十分わかっているのかどうか、ぼくにはそんな自信はないな」とセバスティアンが言った。「たとえば、殺人や強盗はたいてい、ぼくたちに痛みを与えてダメージを与える、というのは確かだし、そういう行いはほんとうにわるいことだ。でもそういう害を及ぼしているのかどうかがぜんぜんわからないケースもあったじゃないか。ある人が誰かを裏切っていても、裏切られている人がそのことにぜんぜん気づいてないなら、その裏切りはそれほどひどいことなのかどうか、ぼくはまだきっぱりと答えることができないんだ」

「やっぱり、そうした一つひとつの問題に答えを出すためには、判断するための規準《よりどころ》が必要よね」とカミラは言葉をはさんだ。「道徳に反する行いのリストを作るだけじゃまだ足りないんだわ。ちょうど私もマヌエルと同じようなことを考えていたの。よい行いとわるい行いとはどうやって分けられるのか、よい人間でありたいと思うならどういう規則《ルール》に従って行動しなくちゃいけないのか……、そういうことについて、いつでもどこでも通用するような答えをはっきりさせられたらいいなって私も思う」

「そう、ぼくはそのことを言いたかったんだよ」とマヌエルが言った。

「それで、答えになりそうなことも、もうわかっているのかい？」とアルヴァロが尋ねた。

「正直言って、わからない。どこから考えはじめればいいのか、それすらわからないんだ」

「また誰かに相談してみようよ」とグローリアが提案した。

「それがいいわ」とカミラが言った。「心当たりもあるし。イバラ先生に訊いてみようよ。あの先生は、なんでもじっくり考える人だから」

「かなりヨボヨボだぜ」とアルヴァロが反対した。

「ぜんぜんそんなことないわ」とカミラが力強く言った。「先生は、つい最近まで病気だったのよ。それでちょっと弱ってるように見えるだけ。いろんなことを知っているし、いろんな本を読んできたらしいわ。だから図書館の仕事も任されているのよ」

こうして、五人は学校の図書館に向かった。イバラ先生は、やせていて背の高い人だが、病気をしてからだんだん猫背になってきて、動くのも辛そうである。髭《ひげ》は真っ白で、やさしそうで思いやりのある顔をしている。五人がやってきたわけを聞くと、彼らに座るように勧めてくれて、自分も脇からイスを引き寄せた。

「じゃあ、君たちの質問について考えてみようか。君たちは、道徳に反するわるい行いの特徴を見つけ出そうとしているんだね。つまり、道徳に反する行いかどうかを判断する規準《よりどころ》ないし目印として、どんなときでも使えるものを探しているわけだ。まず、一つのことは、はっきりしていると思うよ。加害者でない人間はそういう非道徳的な行いを目にすればいつだって憤慨するだろうし、また、加害者自身は、あとあと自分のしたことを恥ずかしいと思うようになり、罪悪感をもつようになるだろう、ということだ。これで、君たちが探していた、いつでもどこでも使える規則が得られたことにならないかね？」

「そんな罪悪感なんて、あてにならないと思います。ないほうが多いから」とセバスティアンが言った。「それに、自分に罪があるって感じるべきなのかどうか、自分でもまったくわからないような場合もあります。ぼくたちは前に、勝つのは一人だけという試合を例にして考えてみました。もしぼくが徒競走で一番になったら、ぼくのせいで、ほかの人たちは負けを味わうことになります。そのときぼくは良心の呵責《かしゃく》を感じなければいけないんでしょうか？」

「それは話が別だ」とイバラ先生が言った。「百メートル走で勝ったからといって、良心の呵責に苦しむ理由はまったくない」

「でも、もしぼくが仲のよい友だちに勝ったとしたら、やっぱりバツがわるいかもしれません」

「もちろん、それはそうだ。君は同情するかもしれない。だけど、その競走に君が勝ったからといってそれに憤慨する人間は誰もいないはずだ。負けたほうが勝ったほうを非難するなんておかしなことだからね」

「でも、罪悪感をいだく理由があるはずなのにそれをいだかないような人間については、どう考えたらいいんでしょうか？」と今度はカミラが質問した。「たとえば、あれこれ約束しながらあたりまえのようにそれを破って、後悔しているふうにもぜんぜん見えないような人がいます」

「そうだね」とイバラ先生は言った。

「私もそういう人たちを知っているよ。でも、そういう人たちは、羞恥心がないせいで

「恥知らず」とか「厚顔無恥」とか言われて、誰からも相手にされなくなってしまう。だけどふつうなら、恥ずべきこととはどんなことなのかを知っている人はみんな、道徳に反する行いをした人に対して一様《いちよう》に憤《いきどお》りをおぼえるんだ。そして、もし自分自身がわるいことをしてしまったら、私たちは恥ずかしさや罪悪感をおぼえる。そうじゃないかな？」

マヌエルの友人たちは、そこまではイバラ先生の意見に納得していたが、ただマヌエルだけは腑《ふ》に落ちない様子だった。

「ちょっと先を急ぎすぎたかな、マヌエル」

「どう考えたらいいのか、まだはっきりわからないんです」

「きっと、罪悪感とか羞恥心とか憤慨とかいう感情を、つまり道徳感情と呼ばれているものをもちだしたことが、君を混乱させているんだろう。これはもっと慎重に説明するべきかもしれないね。そうでないと、何がよい行いで何がわるい行いなのかについての理解はあやふやなものになってしまう。よく考えてみよう。ある行いに対してはものすごく憤って、別の行いには憤らない、というのはいったいどうしてだろうか？　こういうふうに問うと、私たちは、また振り出しから考えなおすことになってしまうが……」

「だいじょうぶですよ」とカミラは言った。「私たちには時間はたっぷりあります。この問題を徹底的に解き明かすためにここに来たんですから」

「それは頼もしいね。では、私の考えていることをもうちょっとわかりやすく説明してみよう。たとえば、私がセバスティアンに何か害を与えたとしてみよう。ほかの四人はこの場合、確実に憤慨するだろうね」

「もちろんです」とカミラが言った。「先生は先生で、きっとそのことに罪悪感をもたざるをえない、そうですよね？」

「そのとおりだ。被害者であるセバスティアン自身は、憤りを感じるだけじゃなく、傷つけられたという感情、あるいは怒りの感情をいだくはずだ。ただし、そういう感情をセバスティアンがいだくのは、こういう場合にかぎられる。要するに、私（イバラ）のせいで自分が傷ついたのだとほかの人たちが知ったなら、みんなも私（イバラ）に憤慨するはずだ、とセバスティアンが考えるという場合だ」

「そうとう複雑な話ですね」とグローリアは言った。

「慌てずに落ち着いて考えるんだよ」とイバラ先生は生徒たちをなだめた。「私が言いたかったのは、道徳的な次元で被害者が傷つけられたということと、第三者の心に沸き起こる憤りの感情とのあいだに、切っても切れない関係がある、ということだ。他人から何か不利益を受けただけでは、傷つけられたという感情が道徳的な次元で起こるには、まだ足りないんだよ」

「先生は、誰かが徒競走で負けたときのような場合を言っているんですか？」とマヌエルが尋ねた。

「それは、例として役立ちそうだね」とイバラ先生は言った。

「もし私が君に徒競走で勝ったとしたら、君は不利益を受けるし、それは君にとっていいことじゃないはずだ。もし君がまともじゃなかったなら、君は私のことを悪く言うかもしれない。しかし、もしその競走が公平に行われたなら、観客はきっと私に憤慨したりはしないだろう。それにひきかえ、もし私が君に不正なことをしたとすれば、見ていた人たちは憤慨するだろうし、君は君で、道徳的な次元で傷つけられた、という感情をもつことだろう。この感情こそ、怒りと呼ぶことができる」

「そうだとすると、三種類の道徳感覚があることになりますね」とカミラが結論づけた。「それは、憤慨と、道徳的な次元で傷つけられたという感情、つまりその意味での怒りと、罪悪感、です」

「そのとおりだ」とイバラ先生はうれしそうに言った。

「この三つの感情は、道徳的な過《あやま》ちが起きているときの目印になる。三つの感情は、おたがいに密接に関係し合っているんだ。ここで、こんなふうに自分に問う必要があるだろう。そもそも私たちはどうしてこういう感情をもつのかって。もしその理由を見つけられたなら、どんな行いをわるいと言うことができるのか、その根拠もわかったことになる。君たちが探していたのは、これではないかね？」

生徒たちはうなずき、固唾《かたず》を呑んだ。イバラ先生がまもなくすべての謎《なぞ》を明かしてくれるだろう、と期待しながら。しかしイバラ先生は、さらに問いを投げかけてきた。

「ある行いをわるいと呼ぶその理由は何だろうか？　言い方を換えれば、私たちが道徳感覚をもっているのは、どうしてだろうか？　それとも、このことの理由を考える必要などぜんぜんないと君たちは思うかね？」

「理由があるわけじゃないけど、人は何かをわるいことだと思うものなんだって考えたらどうなるでしょうか？」とセバスティアンが尋ねた。

「理由がなかったとしたら、なぜ私たちがそういう感覚をもっているのかが解明できないことになってしまうだろう。そうであれば、道徳的な感情をもつようになるべきだということの根拠を、子どもたちに教えられなくなってしまう。道徳教育といったものは、もう存在しなくなるだろう。だがね、ある種の行動に対し大人たちがどうして憤慨するのかを、両親は子どもに対して説明できなければならないんだ。もしそういう理由がないなら、何をしても自分を恥じたり罪悪感をいだいたりすることはなくなるだろうし、ほかの人たちが腹を立てたり傷ついたりもしなくなるだろうからね」

この長いやりとりで生徒たちがちょっと疲れているように見えたので、イバラ先生はみんなを家に帰した。

数日後にマヌエルは、その話の続きをするためにまたイバラ先生と会う約束を取りつけた。アルヴァロとセバスティアンは今回は乗り気ではなく、グローリアも、はじめは行く気がなかった。だがグローリアはカミラに説得されて、行くことを承知した。彼らは三人で図書館にあるイバラ先生の部屋を訪れた。

「また来てくれたんだね。このあいだの話を続けようか?」

「ぜひお願いします」とマヌエルは言った。

「人間が道徳感覚をそなえている理由は何なのか、それを先生はぼくらに説明してくれるんですよね?」

「そうだね。前回は、そこで話が終わっていた。ずっと気になっていたんだ。そのときの私の答えが、君たちを納得させるものではなかったんじゃないか、とね。私が思うに、マヌエルの問いには少なくとも二通りの答え方がある。つまり、よいこととわるいことを定義するためには、少なくとも二つの異なるやり方があるんだよ。一つは、他者によって決められる道徳、もう一つは、自分自身で決める道徳だ。前者を「権威主義的」道徳、後者を「自律的」道徳、とそれぞれ呼ぶことができる」

「『権威主義的』とは、どういう意味ですか？」とカミラは尋ねた。「この言葉は、権威と何か関係があるのでしょうか？」

「そう。あることをするのがわるいのは、権威が、たとえば両親が、その行為を禁止したからだ、と考えるような道徳観は、権威主義的なものだと言えるだろう。それは神が禁じたからわるいのだ、と言う人もいるね」

「実際に、そういうふうに私たちは教わってきましたよ」とグローリアが言った。

「そうだね、グローリア」とイバラ先生が言った。「子どものとき私たちは、親をいつも敬っていて、親が言うことはすべてぜったい正しいのだと考える。年齢が上がってくると、それではもう満足しなくなる。いつしか、何かが正しい、あるいはまちがっているという、その理由は何なのか、という問いに対する答えを自分自身で見つけ出したいと思うようになる。ちがうかな？」

「たしかにそうです」

「いまなら、道理に適《かな》った根拠もなしに両親が何かを一方的に禁止したら、私たちはそれを両親の勝手なふるまいと思わざるをえない」とイバラ先生は結論づけた。

「では、道徳的な権威としての神、というところにもう一度戻ってみませんか？」とマヌエルが言った。「先生は、神がその行いを禁じたということが、その行いをわるいことだと考える正当な理由になるとは思わないんですか?」

「マヌエル、自分でよく考えてごらん。神が禁じたということを理由にして道徳を作りあげるなら、何がよくて何がわるいかは神が自分で好きなように決めることだということになってしまう。私たちは、神が命じるからそれはよいのだと考えるんではなく、それとは逆に、よいことだから神はそれを命じるんだと考えるべきじゃないだろうか?」

「はい、いまのお話は呑み込めたと思います」とカミラが言った。「神の命令がなぜよいことなのかぜんぜんわからないまま神をもちだすだけでは、どう考えても説明不足です」

「そのとおりだよ、カミラ」

「つまり、どうしてある行いはよくて別の行いはわるいのか、その理由を見つけ出そうとしているときには、ただ神をもちだしても問題の解決にはならない、ということですね?」とマヌエルが指摘した。

「そうだよ」とイバラ先生が答えた。「だから、どのように道徳を理解するべきなのかということについては、別のもう一つのやり方に向かわなくてはならない。つまり、自己決定という観念を採用すべきなんだ。自己決定という考え方は、権威によってあらかじめ定められた行動指針に無批判に従うことをよしとしない。自己決定という考え方に立つなら、道徳の規則は、他人から課されるものではなくて、自分が自分に課すものだということになる。道徳の規則《ルール》や法則の内容は自分自身が望んでいるものであり、道徳にかかわる決断をしなければならないときにはいつでもそれを選ぶような、そういう規則であり法則なんだ。だから、道徳の規則は、自分たちの自由が生み出したものなんだよ」

「つまり、ぼくらは自分で自分に道徳の規則を課しているんだ、と先生は言いたいんですか?」とマヌエルは尋ねた。

「そう、まさにそのことが、「自己決定」という概念に含まれている意味なんだよ、マヌエル」

「私にはとてもへんな話に聞こえます」とカミラが口をはさんだ。「自分で自分に規則を課している、なんて」

イバラ先生はちょっと考え込み、それから次の説明を試みた。「それではカミラ、もし私が君に、よい人間とはどんな人なのか?　と質問したら君はなんて答えるだろう」

「それはすべての人に敬意をもって接する人だ、と私なら言います」

「そういう人は同じことを君にも望むと思わないかい?　それに、あらゆる人間に敬意をもって接するべきだ、そうあってほしいと、ほんとうは誰もが誰に対しても望んでいると思わないかい?　その望みに着目するならば、「あらゆる人間に敬意をもって接するべきだ」という この規則を立てたのは私たち自身であって、この規則にほかの人たちもみんな私たちと同じように従うことを私たちが期待している、という構図が浮かびあがってくるんではないかな？」

「あっ、そうか、わかりました」とカミラが言った。「その規則がもとにあって、そこからほかのいろいろな道徳的規則も出てくるんですね？　たとえば、盗んではいけないという規則、約束は守らなければならないという規則、おたがいに助け合わなければならないという規則などです」

「そうそう、そういうことだよ」とイバラ先生は言った。「ほかの人が自分に敬意を払うことを私たちはみんな望んでいる。だから、相互に敬意を払い合うべきだという決まりを立てる以外に選択肢はない。なぜなら、自分がほかの人から敬意を払ってもらうためには、自分もほかの人に敬意を払うしかないからだ。要するに、自分がほかの人から敬意を払ってもらうためには、「相互に敬意を払い合うべきだ」という決まりが普遍的な規則になることを、つまり自分も含めて誰もがいつでもどこでも守るべき規則になることを、私たちは望むしかないんだ。そうしないのに、ほかの人が自分に敬意を払うなんてことがあるだろうか？　もし自分自身この規則を受け入れなかったら、どうしてほかの人からの敬意を期待できると言うのかね？」

「そのことについて一つ疑問があります」とマヌエルが反論した。「人から敬意を払われたいとすべての人間が願っているとは思いますが、人に対してすべての人間が敬意を払っているわけじゃありません」

「おそらくそのとおりだろうね」とイバラ先生は溜息《ためいき》まじりに言った。「まわりの人たちに分け隔てなく敬意を払うことが自分の利益に反するとき、他人への敬意をもちつづけるにはかなりの自制心が必要になる。とはいえ、たとえおたがいに敬意を払い合うべきだという規則《ルール》を破って自分を例外扱いする人がいたとしても、この規則が普遍的な規則として通用することを私たちは望んでいる。そう望んでいるというまさにこの部分に着目することによって、この規則を破るのはわるいことだと自分たち自身が考えているということが明らかになるんだ」

イバラ先生の言葉を受けて、生徒たちはしばらくのあいだ黙っていた。イバラ先生の考えを受け入れるべきかどうか、まだ決めかねているようであった。同じように、イバラ先生も物思いにふけっていた。そのあとで彼は、別の方向へ議論を進めていった。

「ところで、君たちは、これとかなり似ている規則をイエスも示したことを知っているかい?」

「いったい何のことですか?」とグローリアは驚いて尋ねた。

「『あなたがたが人からしてもらいたいと思うことをすべてを、あなたがたも人に対して行いなさい』（マタイ伝七章十二節）とイエスは述べている。この掟は、ほかの人から自分がそうしてほしいと思うように自分たちもほかの人に対してふるまいなさい、と命じている」

「この掟を私たちに説いたのはイエス・キリストなんですか？」とグローリアは尋ねた。

「イエスも説いたが、それよりずっと前に、ほかの賢者たちもそれを説いていた」とイバラ先生は答えた。「この行動規則は、あらゆる時代に道徳の基礎をなしてきたのであり、だからこそこの規則は黄金律と呼ばれているんだ。これは、決定的に重要なことだよ」

「黄金律？」とカミラとグローリアはその言葉に驚いた。

「なぜこの規則が黄金律と呼ばれていると思う？」とイバラ先生は問い返した。

マヌエルが少しためらってから言った。「どんなときでも行いの善悪の判定ができるので、この規則にはまるで黄金みたいにずっと変わらない価値があるから、でしょうか？」

「そう、そのとおりだ」

グローリアは、イエスについてのイバラ先生の話には納得できないようで、少しがっかりしているようにも見えた。

「でも、ほかの賢者たちがこの黄金律についてもっとずっと前から語っていたんだとしたら、イエスだけが説いたことって何なのでしょうか?」

「ナザレのイエスが説いた教えは、この規則の意味をよりよく解釈するうえで助けになるんだ」とイバラ先生は説明した。「イエスは、この規則が、外から与えられるのではなく、人間が自分の内面を見つめることで認識できるものであることをつねづね強調していた。イエスが黄金律に対するこうした理解を呼び覚ましてくれた、と言っていいだろう」

グローリアはそれを聞いて安心したが、マヌエルはまだ納得がいかなかった。

「イエスは、黄金律に従うことを義務として私たちに課したわけじゃない、ということですか?」

「いや、黄金律に従うことは義務であるとイエスも考えていた。イエスが私たちに示そうとしたのは、こういう義務に従うことを誰もがいつだってみずから望んでいるんだ、ということだ。それはつまり、こういうことだ――「すべての人間が同じ規則のもとで行為するのを君自身が望んでいないかどうか、自問してごらん。君自身がそう望んでいるのに、もし君が黄金律に従って行為しないとすれば、君はほかのすべての人間を欺《あざむ》いていることになるのではないか」」

「人が自分で自分にこの規則を義務として課して実際にそれを守ることができれば黄金律が実現される、ということですか?」

「そのとおり」とイバラ先生が言った。

「ある行いを私たちがわるいとみなすもっと深い理由は、ある意味単純で、まわりの人間がそんな行いをすることを私たちの誰もが望まないというところにある。黄金律のこういう普遍的な要求にかんして自分だけを例外扱いするなら、自分をただちに偽善者にしてしまうことになるんじゃないかな？」

努力はたしかに報われた。生徒たちは、イバラ先生との対話に満足して、家へ戻った。少なくともカミラとマヌエルは、この会話がとても有益であったという印象をもっていた。それにひきかえ、グローリアは頭が混乱していた。マヌエルと別れたあと、グローリアはカミラと同じ道を帰りながら、カミラにもう一度訊いてみた。

「カミラ、イエスは黄金律を説いたけど、それはすでにほかの賢人たちによって広められていたってイバラ先生は言っていたわよね。イエスの説いたことが以前からとうに知られていたのだとしたら、イエスのメッセージが神からのものだってことはどう理解したらいいのかしら？　そのことが、私にはどうしてもうまく理解できないのよ」

カミラもこの難問を解決できなかった。そこで二人は、誰か別の人にも助言を求めてみることにした。

「一度、宗教の先生と話してみない？」とカミラが提案した。

「さすが、いい考えだわ」とグローリアは言った。

宗教を担当しているファビオラ先生は、エネルギッシュな人だが、朗《ほが》らかで、広い心をもっている。彼女は生徒のことをよく理解してくれているし、生徒のためにおもしろい企画も立ててくれる。そのため、グローリアはファビオラ先生が大好きだ。例の難問をどう解決したらいいのか、二人は先生に助言を求めた。先生は二人の話にじっと耳を傾けてから、こう言った。

「イエスが黄金律を説いたっていうのは、そのとおりよ。ただし、それに劣らず重要なのは、イエスがそれ以上のことも説いたということだと思うわ。つまり、神は天にいらっしゃる私たちの父であり、すべての人間は兄弟姉妹のような関係にあるのだから、私たちは実際そのようにふるまうべきなんだ、とイエスは説いているのよ」

「どのようにふるまうべきなんですか？」とグローリアは尋ねた。

「私たちは、自分たちの隣人を愛すべきなのよ。でも、これについては授業でも話したわよね？」

「ええ、たしかに」とグローリアは言った。

「私たちは人を愛すべきだ、と言われるのならば、人に敬意を払うべしという要求のほうはいったい何を意味しているんですか?」とカミラが尋ねた。

「人に敬意を払うべしという要求も、たしかに、受け入れなくちゃならないものよ」とファビオラ先生は言った。「ただし、愛の掟のほうが敬意の掟より要求度が高いわね」

「どうしてですか?」と二人は異口同音に尋ねた。

「人を愛するとは、あらゆる人に対する全面的な献身を意味しているのよ。そのことは、新約聖書のなかの、非常に要求度の高い掟から見てとることができるわ。たとえば、「汝《なんじ》の敵を愛しなさい」あるいは「もし右の頬を打たれたら左の頬も差し出しなさい」という掟は、あなたがたも知っているでしょう?」

「もちろん知っています」とカミラが言った。「でも実際には、その命令を守るのは不可能だとは思いませんか?」

「現実には難しいわね」とファビオラ先生が言った。「だけど、それを実行し、そのために広く称賛される人間は、いつだっているわ。聖人って、そういう人のことを言うのよ」

「それじゃ、私たちはみんな聖人のように生きることを義務づけられているんですか?」

とグローリアが尋ねた。

「もちろん、そんなことはないわ。聖人のように生きることを義務として課そうというわけじゃないの。そうじゃなくて、イエスを模範としてそれに近づく努力をするよう私たちは呼びかけられている、と考えたほうがいいと思うわ。イエスという模範は、称賛に値するような行為はたしかに可能なんだってことを示してくれているのよ。ただし、聖人じゃないからといって人を非難するようなことはしちゃだめ。それに、イエスという模範に達していないからといって、罪悪感をいだく必要もないのよ」

「そういうふうに考えてイエスは黄金律を説いたんですか？」

「私が思うに、人を人として尊重するという義務はすべての人々に課せられているんだってことをイエスは強調したかったんでしょう。でも、イエスのメッセージは、黄金律をはるかに超えるような要求を、つまり聖人のような宗教性への要求を含んでいるわけなのよ」

「わかりました」と言ったものの、カミラは考え込んだままだった。それにひきかえグローリアは、すっきりとした気分になっていた。

彼らが次にイバラ先生のところへ行ったとき、グローリアは母親が焼いたビスケットを持参していた。図書館へ行く途中でグローリアはセバスティアンとアルヴァロに出会った。ビスケットを見て、二人は話し合いの場へ行くことをすすんで決めた。賑《にぎ》やかに挨拶を交わしたあとで、イバラ先生は紅茶と冷たい飲み物を出してくれた。

「みんな、よく来てくれたね」とイバラ先生が言った。「きょうは何について話そうか?」

「よく考えてみたんですが、黄金律の話がまだしっくりこないんです」とマヌエルは慎重に言った。「自分たちのまわりの人間を人として尊重するということを、ぼくたちは目標として目指さなければならない、そしてそれは、ぼくたちの誰もが分け隔てなく同じように敬意を払われたいと思っているからだ、これはぼくにもわかりました」

「君は黄金律の本質をきちんと理解しているよ。それで、いったい何が納得できないというのかな?」

「黄金律があまりにも一般的すぎるので、黄金律をどう使えば個々の場合について行いの善悪を知ることができるのかが、まったくわからないんです」

「私はわかったわ、マヌエル」とすぐにグローリアが口をはさんだ。「黄金律を、私たちはまわりの人間を愛すべきだ、と言い換えればいいんじゃないかな?」

「どうだろう」と、イバラ先生はその問いに直接答えようとはしなかった。「ほかの人たちはこの提案についてどう考えるかな?」

「ぼくには少しへんな感じがします」とセバスティアンが答えた。「ぼくはまわりのすべての人たちから愛されたいなんて、ぜんぜん思いません。何人《なんにん》かの人たちからは愛してもらうことはもちろん大切だけど、ほかの大勢の人たちについては、そうじゃありません」

「重要な反論だね」とイバラ先生は言い添えた。「私たちはすべての人に愛されたいとは思っていないし、ほかのすべての人を愛する義務といったものを負うことも望んでいない。そんなことを要求するのは、たしかに奇妙なことじゃないかな。それとはちがって、私たちはすべての人間から人として尊重されたいとはたしかに思っている。そうだとすると、当然にも私たちはすべての人間を人として尊重するという義務も負うことになるんだよ」

「それならわかります」とグローリアは言った。

「さて、そろそろマヌエルの問題に戻らないとね」とイバラ先生は話を続けた。「たしかに黄金律はかなり抽象的だ。だけどそれにもかかわらず、黄金律は具体的な事例にも、じつにうまくあてはめることができるんだよ」

「どうしたら、そうできるんですか?」とマヌエルは訊いた。

「自分のしていることがいいことなのかわるいことなのか、ある状況において君が疑問をもったとする。そのときにはいつでも、『私と同じ状況にほかの人たちが置かれていたとしたら、その人たちは何をすべきなのだろうか、私はその人たちにどんな行動を期待するだろうか』と考えてみればいい。そしてそれは、そうした個々の状況に対してなんらかの普遍的な規則が存在すると想定することにほかならないんだ」

「イバラ先生、正直言って、いまの話はぼくにはちょっと難しすぎます」

「自分の行いがいいかわるいかを明らかにするためには、ほかの人から君自身がどんなふうに扱われたいと思っているのか考えてみなければならない、ということだよ。そうすれば君は、自分が何かを盗まれるのは嫌だと思っていること、自分に約束をしてくれた人はちゃんとその約束を守るべきだと思っていること、自分が助けを必要とするとき人は自分に助けの手を差しのべるべきだと思っていること、などを認めるしかないだろう。もし君がそれらすべてのことを君自身のために要求していて、同時に、ほかのすべての人たちもまったく同じなんだということにはっきりと気づけたのなら、結局、そういう行いをすることが普遍的な規則であればいいなと、君もまた望んでいることになるんだよ」

マヌエルは無言のままうなずいた。

「でもそれじゃまだ話として不十分だと思います」とセバスティアンが言った。「黄金律がぼくたちを道徳的なふるまいに向かわせることができる、なんて思えません」

「君の言うとおりだよ、セバスティアン。ただし、君はいまの発言によってまったく新しい次元に議論を進めたことになる。私たちはこれまで、私たちがある種の行いに対して憤りをもって反応することを確かめて、そういう憤りの理由を説明することに取り組んできた。そして、この課題に対して黄金律が回答を示してくれた。だけど、人々がいつも黄金律に従って行動するだろう、ということまでは、黄金律からはどうしても導き出せない。

ここのところで、君の言うことはまったく正しいと言える」

「それはどうしてですか？」とカミラが驚いて尋ねた。「もし人が道徳的によい行為をするための黄金律を知っているのなら、それで十分じゃないでしょうか？」

「いいや、残念ながらそれでは十分ではないんだよ」とイバラ先生が言った。「世の中は、そういうふうにはなっていないんだ。自分たちの行いがわるいことだと認める人は多いが、だからといってそれをやめるかというと、かならずしもそうではない。道徳と自己利益が真っ向から対立する場合があるのを、私たちの誰もが経験したことがあるはずだ」

「その対立をほんとうに理解できているかどうか、自信はないんですが」とカミラが話しはじめた。「例《たと》えとしてこんなことを想定してみます。私が、ある高価な指輪を見つけて、それが友だちのものであるにもかかわらず自分のものにしたいと思っているとしましょう。もしその指輪を自分のものにしたならば、私はまちがいなく強い罪悪感をいだくことになります。なぜって、もし友だちが私にそんなことをしたなら、私は憤慨するでしょうし、しかも私は被害者本人なので、その友人に怒りすら感じるはずだからです。たぶん、自分自身が何か似たようなわるいことをしてしまった場合には、わるいことをしたほかの人たちに対して憤慨しながらも、後ろめたさを感じるようになるはずです」

「それはそうだけど」とセバスティアンが遮った。「だけど、もし誰かが良心の呵責《かしゃく》を完全に無視したとしたら、その場合はどうなるんだろう?」

「どうしたら良心の呵責を無視するなんてことができるの?」とグローリアが訝《いぶか》しげに尋ねた。

「すごく簡単なことだよ、グローリア」とセバスティアンが言った。「かりにぼくがカミラの指輪をすごく気に入って、自分のものにしようと決めたとしたら、その場合、罪悪感なんてぼくにはほとんどどうでもいいことだよ」

グローリアは黙った。いったいどうやって反論したらいいのかわからないでいるように見えた。

「セバスティアンが言ったことには、一理ある」とイバラ先生が口をはさんだ。「当然、そういうことは起こりうるんだ。あるものに対する利害関心がとても強ければ、それだけ罪悪感は弱まってしまいかねない。とはいえ、こういう個々のケースが普遍的な法則に影響を及ぼすことはありえないと思うよ」

「どうしてですか?」とセバスティアンが尋ねた。

「評価されるのはよい人間であって、わるい人間ではないからだよ。自分は悪人だという意識をもたざるをえないとき、私たちは自分のことを、軽蔑すべき人間だとみなすんじゃないかな? 自分に対するそのような感情とうまく折り合いをつけていくことなどできないと思うがね」

「だけど、もし誰もその悪事に気づいていないとしたら？」とセバスティアンは食いさがった。

「そうだとしても、自分を責める気持ちはそのまま残る。あらゆる人々から称賛や承認を得ているとしても、内心では、自分はわるい奴だと知っているんだからね。このことは人によっては、外側からの非難よりもつらいことだと思うよ」

「でも、もしぼくにとってこういう道徳の話がどうでもいいことに思えたとしたら、どうなりますか？」とセバスティアンは、自分の考えを捨て去ろうとしなかった。

「そういう場合には、君は道徳をそなえた社会の外に自分を置くことになるだろう。したいと思うことをしたりしなかったりするのは、もちろん君の自由だ。どちらにしても君はもう羞恥心をいだくようなことはない。けれど、それでもやはり人は君のことを恥知らずな人間だとみなすだろう。そのうえ、君はもうほかの人のふるまいに憤慨できなくなってしまう。……ところで」とイバラ先生は突然、真剣な顔つきで付け加えた。「実際に、道徳感情をもたないような人間はいるんだよ。心理学でそうした人々は「道徳意識の欠如した人間」と呼ばれている。そういう人間を治療するのはとても難しくて、たいていは手の施《ほどこ》しようがない。多くの場合、彼らは、社会に害を及ぼさないよう、病院か刑務所に拘束されることになる。悲しいことだが、そういう現実があるんだ」

生徒たちは、会話の最後の議論展開に強い衝撃を受けた。彼らは、道徳がまったく存在しない社会をまざまざと思い浮かべていた。誰もがほかの者に襲いかかるような都市、あるいは誰もが誰に対しても根深い不信感をいだいているような村を。そういうところで自分たちはうまくやっていけるだろうか？

「共同生活を営《いとな》んでいくための規則《ルール》を、よけいなことに煩《わずら》わされずに自分たち自身でまったく自由に取り決めることができるような状況を思い浮かべてみてはどうかな？」とイバラ先生は、セバスティアンを見つめながら提案した。

「一度、実験してみるとよいかもしれないね。週末に田舎《いなか》に出かけて、そこでこう想像してみるんだ。飛行機が墜落して、自分たちだけが生き残った、とね。君たちはその場所がどこかわからず、しかもまったく孤立していて、あらゆる文明から何百キロも離れている。君たちは、これまで受け入れてきたあらゆる決まり事を捨て去ることもできる。つまり、君たちは、自分たちの共同生活をなんらかの形で秩序づけることをゼロから始めなければならないんだ。みんなでよく考えたうえでいっしょに決定しなければならない。こういう実験を君はどう思うかね、セバスティアン？」

「とってもいいことだと思います。ぜひやってみたいです」

「よろしい」とイバラ先生は言った。「一度ほんとうに時間をとるべきかもしれないね。そうすれば、道徳にかんする法則がどんなふうに形成されるかについて、いっそう活《い》き活《い》きとしたイメージを得られるからね。だが、こういう状況全体を空想のなかで思い描いただけだとしても、黄金律をよりどころとするような法則を結局のところ私たちは選択することになるだろうって思わないかな？　そして、昔からあるという理由だけで引き合いに出されはするが、それ以外にまったく何の価値もないようなたぐいの法則については、私たちはそれをすべて却下するんじゃないだろうか？」

「はい、そのとおりだと思います」とマヌエルが口をはさんだ。「でも、そんな状況で、自分が自分に課した法則をすぐにまた破ってしまうようなことを禁じるものはいったい何なのでしょうか？」

「君は、そういう法則を破るのかい？」とイバラ先生は訊いた。

「たぶん、破らないと思います」とマヌエルは答えた。

「それなら、君がそうした法則を破ってしまうことを押しとどめているものがいったい何なのか、よく考えてごらん」

「破ったらやっぱりまた罪悪感をいだいてしまうだろうってことかしら？」とカミラがマヌエルに尋ねた。

「うん、たしかに」とマヌエルが言った。「でも、たぶんそれよりも何よりも、自分自身のふるまいを恥ずかしいと感じるからだと思うよ」

「私たちを道徳的なふるまいへと駆り立てるのは自分の羞恥心である、と言ってよさそうだね。それと、人間として価値がない、などと自分のことを思いたくはないという願望じゃないだろうか?」とイバラ先生が尋ねた。

「はい、それがぼくにとってはいちばん重要なことだと思います」とマヌエルが答えた。

6 連帯——人助けの義務

カミラはマヌエルから朝のニュースで報じられた出来事を聞いて、ショックを受けた。何人かのクラスメートはもうすでにそのニュースを知っていたが、彼らはそれほど強い衝撃を受けていなかった。ニュースの内容は、次のようなものだった——。スラム街に住むひどく貧しい女性が、幼い子ども二人を家に残し、鍵をかけて買い物に出かけた。その帰り道、彼女は煙に気づいた。自分の家から火の手が上がっていたが、彼女の力では扉をあけることができなかった。彼女は絶望的な気持ちになりながらも、高く燃えあがっている炎を見上げる二人の若い男たちに助けを求めて駆け寄った。しかし、若い男たちは、ただ肩をすくめただけだった。木造のその家は、赤々と燃えあがっていた。彼女はどうすることもできなかった。結局、子どもは二人とも炎につつまれて焼け死んでしまったのである。この不幸な出来事の話は瞬《また》く間に隣近所に広まり、今度は人々の怒りが二人の男たちに対して向けられた。もし逃げ足が遅かったら、二人はおそらく袋叩《ふくろだた》きにされていただろう。

マヌエルがそのニュースをとても興奮した様子で伝えたので、はじめはみんな驚いて黙り込んだ。それから少しして、カミラがためらいがちに言った。

「子どもたちが焼け死んだなんて、現実のことだと思えないわ。しかも、その男の人たちが何もしようとしなかったなんて」

「私には、どっちかっていうと、そのお母さんのほうがもっと気の毒に思えるわ」とグローリアは言った。

「あなたの言うとおりね」とカミラが言った。「彼女は生きているかぎり、そのことに耐えていかなければならないんだもの。その心の痛みは計り知れない」

そしてカミラは、それに付け加えて言った。「でも、とにかく理解できないのは、この男たちが助けようとしなかったってことよ」

「ええ、呆《あき》れてものも言えないわ」とグローリアがうなずいた。

「こういうふるまいを見ると、ほんとうに憤慨してしまう。憤《いきどお》って当然だっていうのは、どうやら全員、意見が一致しているみたいだね」とマヌエルが言った。

「それじゃ、それもまた道徳に反するってことになるのか？」とセバスティアンが尋ねた。

「もちろんだよ！　それについてはついこのあいだ話したばかりじゃないか」

ちょうどそのとき、アルヴァロがやってきた。例の痛ましい出来事について、彼はすでに知っていた。しかし、ただ漫然とメディアの多くの情報に接している人にありがちなことだが、ほとんど他人事のように感じていた。彼は、話の輪に加わったときちょうど、マヌエルとセバスティアンの最後のやりとりを耳にした。

「君はほんとうに、その二人の男たちが道徳に反した行動をとったと思うの？　ぼくにはそう思えないよ。たしかにすべてはわるい方向へと進んでしまった。それはぼくも認める。でも、そもそもの始まりは、母親が子どもたちを家に閉じ込めて、二人だけにして出かけてしまったことじゃないか。子どもたちは家具か何かじゃないんだよ。事件はそのあとで起こったんだ。もとはと言えば、母親があまりに軽はずみだったんだよ」

「そうかもしれないけど……。でもやっぱり、問題は、男たちが母親を手伝うべきだったんじゃないか、ということよ」とカミラは言った。「あなたは彼らが罪を犯したとは思わないの？」

「ぼくも、助けようと思えば彼らは子どもたちを助けることができたと思うよ」とアルヴァロは言った。「でも、ぼくは彼らにそんな義務があったとは思わない」

「あなたが彼らと同じ立場だったらどうする？」とカミラは知りたがった。

「たぶん、ぼくは助けただろうね」と、アルヴァロは認めた。「でも、その二人の男たちは、きっと怖かったんだよ」

「それはたんなる言い逃れでしょ?」とカミラは尋ねた。

アルヴァロは何も答えなかった。

「もし自分の考えに確信がもてないのなら、ひとまずここでも、黄金律をあてはめてみたらどうかな」とマヌエルが言った。「先日、イバラ先生が勧めてくれたみたいに」

「このケースには、どういうふうに使えばいいんだ?」

「それほど難しいことじゃないよ。とにかく想像してみなよ。燃えさかる家のなかに君が閉じ込められていて、誰かほかの人には君を助けられる可能性があるっていう状況を。君もこういう状況なら、その人が人助けの義務を感じてほしいって望むんじゃないかな?それから、こういう立場になったら人助けをすべきだという義務がすべての人に課せられているということを、ぼくらは望むんじゃないかな」

「たしかにまあ、ぼくも君が言ってることは正しいとは思うよ」とアルヴァロは言ったが、あまり納得はしていないようだった。

「黄金律は、どの人に対しても、どの時代であっても、あらゆるところで普遍的に通用するんだよ。二人の男たちのような立場になったら、誰でも人助けを義務づけられているんだよ」とマヌエルははっきりと述べた。

「私もそう思うわ」とカミラが付け加えた。「だからこそ、誰かがとても危険な状況に置かれていたり、ほんとうに窮地に陥っていたりするときに手助けをしない人がいると、第三者みんながその人に憤りをおぼえるのよ」

「君たちはここでいきなり黄金律をもちだしてきているけど、それはぼくにはちょっとへんに思えるよ」とセバスティアンが抗議した。「だって、このあいだ黄金律で問題にしていたのは、引き起こされちゃいけない害悪だったじゃないか。でもこの二人の男たちは、すすんでわるいことは何もしてないだろう。彼らに火事の責任はないんだから、害の原因は彼らじゃないってことになる」

「言いたいことがよくわからないわ」とカミラが返答した。

「彼らがこの害を引き起こしたわけじゃないってことさ」とセバスティアンが言った。

「たしかに、それはそうだね」とマヌエルが答えた。「でもこの場合の害悪は、害を防ぐための努力を何もしなかったっていうことだよ。彼らは、すべきことをしなかったんだ」

「私はやっぱり、彼らはひどいことをしたのだと思う」とグローリアが言った。「何かをして生まれる害悪と、わるい結果を防ごうとしなかったせいで生まれた害悪とにちがいなんてあるの？　私たちはこれまで、すすんで害を与える場合だけのリストを作ってきたけど、イバラ先生が私たちに説明してくれた黄金律の価値は、どんなわるい行いを取りあげてもそれがどうしてわるい行為と言えるのかをはっきり示してくれることにあるのよ。だから、救助活動をしないっていうのも、まさしくわるい行いの一つなのよ」

「このケースにも黄金律をあてはめられるのなら、救助活動をしなかったケースで破られてしまった規範があるってことになるはずだよね。君は、どういう規範だと思う?」とマヌエルは言った。

「それは、私たちはまわりの人たちと連帯し合うべきである、つまり協力し合うべきであると命じるようなルールだわ。言い換えるなら、私たちにはほかの人たちを助ける義務があるってことよ」

「ほかの人すべてを?」とすぐさまセバスティアンが応じた。「そんなことできっこないよ!」

「どうして、できっこないなんて言うの?」とグローリアが尋ねた。

マヌエルはこう説明した。「彼は、こういうつもりで言ったんだよ。『ぼくらの町にいるおおぜいの貧しい人たちを考えたとき、どうしたらその全員を助けられるっていうのか?』って」

「そんなことができるだなんて、私、ぜんぜん言ってないわ!」とグローリアは答えた。

「ほんとうにできるかどうかっていうことと、義務かどうかっていうことは、別なことよ」

「ちょっと待って」とカミラが言った。「何かをすることによる害悪と何もしなかったことによる害悪は、やっぱり区別して考えたほうがいいんじゃないかな。前に義務のことを話し合ったときは、すべての人に対して同じように負っている義務について論じていたわけよね。そうでしょう？　たとえば盗んではならないという義務が私たちにあるとするなら、それはすべての人にあてはまるわ。つまり、私たちは誰からも盗んじゃいけないってこと。同じことは、約束の話でも言えるわ。私たちは誰に対しても約束を破るべきじゃないもの」

「殺人の場合はどうだったっけ？」と、アルヴァロが割って入ってきたので、カミラの話は中断されてしまった。「殺人は君の友だちの場合だけ禁じられていたのかな、それともほかの人たちに対しても禁止されていたのかな？」アルヴァロが皮肉を込めていることは明らかだった。

「やめなさいよ、アルヴァロ」とカミラが言った。「私たち、いま真剣に考えているのよ」

「グローリア、君の意見に戻ろう」とマヌエルが言った。「君は「してはいけない」という掟と「しなさい」という掟とのあいだに違いがあることがわからない？　セバスティアンが言っていることは正しいんじゃないかな。「してはいけない」という掟の場合は、つまり、殺してはいけないとか盗んではいけないとかいう場合は、すべての人々に対して負うべき義務が課せられている。でも、人助けが命じられている場合には、それを、すべての人に対して負うべき義務なんだって考えることはできないよ」

「そこにちがいがあるというのはたしかにわかるけど、その区別ってそんなに大事なことなのかしら」

「つまりここでの問題は、人助けが、望ましいこととして勧められているだけなのか、それだけじゃなくて、人助けをしないのは憤慨すべきわるいことですらある、というのか、判断するのが難しいってことさ」

「燃えさかる家の前にいた二人の男たちのケースがそうね」とカミラが補足した。

「こういうときには、はっきりした規則《ルール》なんてないさ」とセバスティアンが言った。

「個々のケースで自分の義務がどこまで及ぶのか、一人ひとりが自分で考えてみるしかないっていうことははっきりしているじゃないか」

「でも、私たちは、すべての人をできるかぎり助けようと努力すべきなんじゃないかしら?」とグローリアは言った。

「あなたは、まわりの人間のために自己犠牲に徹するべきだって言いたいの?」とカミラが尋ねた。「それだと、このあいだファビオラ先生が話していた聖人たちのようになってしまうんじゃないかしら」

「でも、聖人だって、ほかのすべての人を助けるなんて、実際にはできっこないと思うよ」とセバスティアンが、グローリアが答える前に言った。

「聖人という言葉で私たちがイメージするのは」とカミラが説明を試みた。「一生、自己犠牲をつらぬいて、まわりの人たちの苦しみや困難を和らげるような人のことよね。でも、たとえそういう人間がへとへとになるまで戦ったとしても、助けを必要とするすべての人を助けることなんてぜったいできないはずよ。なぜって、ほかの理由は横においておくとしても、そもそも私たち人間の力には限りがあるし、いろんなところに同時に助けに行くこともできないんだから」

「だけどさ」とマヌエルは言った。「聖人だけが人間を助けるべきだ、とも言えないよね。だってぼくたちはみんな、炎のなかに閉じ込められた子どもたちを助けなかった二人の男たちに対して、ついさっき、思わず憤慨していたじゃないか」

「救助が義務づけられる場合もあるっていうこと?」とカミラが尋ねた。「人助けをしなかったら、禁止を破ったのと同じことになってしまうようなケースがあるっていうの?」

「そのとおりだよ」とマヌエルが言った。「でも逆に、人助けをすることが義務とはいえないケースだってあるとぼくは思ってる」

「私にはそうは思えないわ」とグローリアが言った。「どんな場合を想像して、そう考えるの?」

「よく考えてみなよ。たとえば、クラスの誰かが病気になったとして、その場合、ぼくたちには彼を助ける義務があるんだろうか?」

「もしその子が友だちだったらね」とアルヴァロが言った。

「そんなのまちがってるわ!」とグローリアが言った。「誰であっても助けなくちゃいけないわ!」

「じゃあ、今度はこんなふうに想像してみようよ」とマヌエルは考えを一歩先に進めた。「病人はたしかに君のクラスの子なんだけど、彼はほんとうに嫌な奴で、君は彼がペストか何かのように大嫌いなんだ。さて、こういうときに彼を助ける義務はあるんだろうか、それとも、そんな義務はないんだろうか?」

グローリアは考えてみたが、すぐには答えが出なかった。

「ひょっとしたら、どういう種類の助けがあてにされているのかっていうことも、考えてみる必要があるんじゃないかしら」と、カミラが応じた。「私たちは全員、その子に対して何か最低限の義務があって、彼が病気であるかぎりは、授業がどこまで進んだのかわかるように私たちのノートを貸すべきだと思う。彼のことが嫌いだからっていう理由だけで彼にノートを貸してあげないとしたら、それは正しいこととは言えないって私は思う」

「私もそう思う」とグローリアが言った。

「その最低限の義務っていうのは、黄金律にもとづいているんだよ」とマヌエルは言った。

「どうして？」とセバスティアンは驚いて尋ねた。

「『病気のときには自分を誰もが助けてくれる』っていうことを、ぼくたちはみんな望むからだよ。たとえ友人でない人でもそうしてくれることをね」

「自分が嫌な奴だと思ってるタイプの相手でも助けなきゃならない義務があるなんて、気にくわないな」とアルヴァロが、思っていることを口にした。

「ちょっと想像してみなよ」とマヌエルが応えた。「ひとりぼっちで車を走らせているときに、車が突然故障して動かなくなってしまったとする。その場合には君だって、そこを通りかかった人が、たとえ君の友人じゃないとしても、手を貸してくれることを願わずにはいられないんじゃないかな？」

「もちろん、それはそう願うよ」とアルヴァロは言った。

「それじゃあ、病気の同級生の例に戻って言うと、もし病人がただのクラスメートじゃなくて友だちだったとしたら、そこにどんな違いが生まれるのかな?」とセバスティアンが尋ねた。

「そのときには、もっとたくさんの義務を私たちは負うことになるんだと思うの」とカミラが言った。「私たちはお見舞いに行って、もしかしたら彼といっしょに宿題を仕上げなくちゃいけないのかもしれないわ」

「でも、気に入らない同級生に対しても、ほんとうは同じようにすべきなんじゃないのかしら?」とグローリアが訊いた。

「冗談じゃない!」とアルヴァロは叫んだ。「このクラスではひっきりなしに誰かが病気にかかっているじゃないか。もしも病気になった生徒全員をいつも面倒みなくちゃいけないんなら、そのうち自分の宿題をする時間がなくなっちゃうよ!」

ほかの生徒たちはくすりと笑ったが、アルヴァロの言うことはよく理解できた。とはいえ、彼らはみんな、問題はまだ解決されていないという歯がゆさを感じていた。どんなときに人を助ける義務があるのか、そして、どんな場合にはそれがないのか?

「もう一度、イバラ先生と話してみないと」思わずマヌエルの口からその言葉がこぼれた。それと同時に、アルヴァロのからかうような視線を感じて、マヌエルは居心地のわるい思いがした。アルヴァロの言おうとしていることは明らかだった。「おまえってあの人ならどんな問題でも解決できると思っているの？」

しかし、イバラ先生のところへふたたびみんなで行くことになるのも、また同じくらい明らかだった。


イバラ先生は、いつものように生徒たちを温かく迎え入れ、今回は何が問題になっているのかについて、じっと耳を傾けた。そのあとで彼は言った。

「私の理解が正しければ、人助けが命じられている状況は三つのタイプに区別できるというのが、いまのところ君たちの結論なわけだね。一つ目は、明らかな義務づけがある状況。君たちが私に話してくれた火事のような場合だね。こういう義務を果たさないことに対して、私たちは思わず憤りの感情をいだく。このように憤りの感情をいだくということは、明らかな義務づけであることの確かな目印なんだ。二つ目は、もともとはどんな義務も存在しないのだけれど、自発的に助けようと決心するような状況だ。そうする人は、聖人のように、あるいは人類の救済者のように生きる可能性があるだろう。もちろん、聖人や救済者であっても、誰に対しても助けの手を差しのべることができるわけじゃないが、手の届く相手に対しては誰に対してもそうする」

「イバラ先生、それはかなり厳しい要求ですね」とセバスティアンが言った。

「たしかに、そうだね。だからこそ、そういう模範的な人生を送るよう他人に求めることは誰にもできないんだ。なぜならそれは、自分の利益を完全に諦《あきら》める、ということとほとんど同じ意味だからね。だから、私たちは誰かが聖人のように行動しなかったからといって、憤慨したりはしない。また、そのいっぽうで、もし誰かがそんなふうに行動したなら感心して、その人をほめたたえることになる。その場合私たちは、この人はとても素晴らしい人間であるとか、こういう行動こそ見習うべきだとか言うわけだ。それにひきかえ、誰からみても義務だってことが明らかなときにだけ人助けをする人のことは、素晴らしい人間であるとは言わないで、わるい人じゃないとしか言わないことになる」

「ところで、三つ目の種類って何なんですか、イバラ先生?」とマヌエルが尋ねた。

「私が思うに、聖人のようなケースと「わるい人ではない」というケースとのあいだに、その中間のケースがあり、それについては簡単に判断を下すことができない。おそらく、君たちがなかなか難しいと感じた事例がそれにあたるんだと思うよ」

「その話を聞いて思い出したことがあります」とカミラが言った。「少しまえに、郊外に住んでいるいとこの家に行ったんです。夕暮れになる頃、叔母は食事の支度をし、私は叔父といっしょに食卓の用意をしていました。そのとき玄関のベルが鳴って、やつれはてた顔をした女の人が子どもを連れて扉の前に立っていました。施しを求めてきたんです。叔父は小銭を少し渡そうとしたんですが、叔母は叔父を非難しました。しまいには叔母がを叔父に対してこう叫んでいるのが聞こえました。「それっぽっちの小銭なんてなんの助けにもならないわよ！　そんなの、ただ自分の良心を満足させているだけじゃない！　ほんとうに何かしてあげたいと思うんなら、この人たちを中に入れて、食事をごちそうしたらどうなの！」叔父は激怒して、こんなふうに怒鳴り返しました。「君は頭がおかしいんじゃないか？　食事のあとで何が起こるか、ちゃんと考えてみたのか？　食事を与えたうえであの人たちを家に泊めろとでも言いたいのか？　そんなことをしたら、あしたには町じゅうに知れわたって、そこいらじゅうの乞食がみんなやって来て、居間にあふれかえることになるんだぞ。君はそうしたいのか？　何をばかげたことを考えているんだ！」でも、叔母は譲歩せず、「これがかなり切迫した事態だってことがわからないの？　とにかくあの女の人のことを近くでもっとよく見て。あなたって人は、何かというとすぐに取り越し苦労ばかりして！」と言いました。そんなこんなで、仲違《なかたが》いして罵《ののし》り合う夫婦、泣きじゃくる子ども、あわれな女性って、悲しい結末になってしまったわけなんです。もっとも、この女の人は、少なくともちょっとは小銭をもらえたので、最終的によろこんではいたんですが」

「ぴったりなエピソードね、カミラ」とグローリアは思わず口をはさんだ。「イバラ先生、みんなが協力し合うことを私たちが学ばなければ、どんな道徳も何の役にも立たないって思いませんか？」

「カミラの叔母さんが言うみたいに超《チョー》協力しなくちゃいけないの？　そのためには後光《ごこう》が差してこないとね」とアルヴァロがばかにした。

「あなたには情《じょう》ってものがないのね！」とグローリアは嘆いた。「あなたはカミラの叔父さんよりもひどい人だわ！」

「どうやら、道徳について考えを深めることで、大きな疑問符に行き着いたようだね」とイバラ先生が言った。「人助けの義務の場合には、とくべつ称賛に値する行いと憤慨を招くわけではないというだけの行いとのあいだに中間の領域が存在している。だがまずは、憤慨を招くわけではない行いのことをもっと詳しく検討してみようじゃないか。燃えている家の前にいた二人の男たちのふるまいを例として考えてみよう。私たちはどうして、彼らが救助しなかったのは憤慨すべきことだ、と迷うことなく感じるんだろうか？」

「もしぼくが彼らの立場だったら、自分には責任があるって感じたと思います」と、少し考えてから、マヌエルは言った。

「相手が赤の他人だったとしてもかい？」とセバスティアンが尋ねた。

「うん、もちろん。そういう状況では、それはぜんぜん関係ないよ」

「どうして他人かそうでないかがそんなに重要なことなの、セバスティアン？」とグローリアが訊いた。

「ぼくは、たとえば両親が子どもに対して責任があるっていうのはわかるけど、赤の他人に対しては……」

「セバスティアンの言うことは正しいと思うよ」とイバラ先生は言った。「両親は自分の子どもたちに対して責任がある。もし、子どもたちが生きていくための面倒を両親がみなければ、それは自分の手で子どもたちを殺してしまうのと大差ない。つまりここでは、何かをするということと何かをしないということに違いがないんだ。もし母親が自分の赤ん坊を殺したければ、彼女はただ飢え死にさせるだけでいい。しかし、責任というのは、なにも子どもに対する両親の責任にかぎられるわけじゃない。それ以外にも、責任にはたくさん、さまざまな形のものがある。それらは、子どもに対する両親の責任よりは弱いものだけどね。友人に対する責任は子どもに対する両親の責任とはたしかにちがうけれど、責任があることには変わりがない。その反面、私たちはすべての人に対して責任があるというわけじゃない」

「でも、そういう区別をすることで、何が得られるんでしょう？　二人の男たちが救助しなかった、あの具体的なケースをぼくたちが判断するときに、この区別がどう役立つんでしょうか?」とマヌエルが尋ねた。

「それについては、こんなふうに言うことができるだろう。親が子どもたちに対して負っているような責任という意味では、彼らには責任はないけれど、このような状況のもとでは子どもたちに対してやはり責任があったんだ、と」

「そういうことですか。でも、カミラのいとこの両親も、乞食とその子どもに対して、とても困っている状況だったのだから、それに匹敵する責任があったんじゃないでしょうか?」

「たしかに、この二つの話のあいだに、似通《にかよ》っているところがあるというのは君の言うとおりだ。そして、まさにそのことが、明らかに助けが要《い》る状況とそうでない状況とを区別するのが難しい理由でもある。けれど、違いはたしかにあるし、それどころか、根本的にちがっているんだよ。これからそのことを説明してみよう。こんな場合を想像してくれたまえ。火事が発生したとき、たまたまその地区の人たちがたくさんその場所に来ていて、助けようと思えば助けることができた、という場合だ。この場合には、ニュースで話題になっていた二人の若者たちだけに、燃えさかる家にいた子どもたちに対する責任を押しつけることはできないと思う。おそらく、同じことが乞食の場合についても言えるはずだ。いったいどんな理由から、カミラの親戚がこの場合、ほかの人たちよりも大きな責任を負わなくてはならないというんだろう?」

「つまり、助けられるのは自分たちだっていうことが、私たちに責任があるのかどうかという問題の決め手になる、ということでしょうか?」とカミラが尋ねた。

「私はそう思うよ」とイバラ先生が言った。「少なくとも、この種の人助けの場合はね。自分の子どもに対して責任がある両親の場合は、事情がちがう。両親しか我が子を助けることができないというわけではもちろんないけれど、我が子をいつでも助けなくてはならないのは両親だけだ。両親ははじめから、自分の子どもに対して責任があり、誰かほかの子どもに対しては責任がない。これはちょうど、医者もつねに責任を負っているのは自分の患者だけであるのと同じだ。しかし事故の場合には、その責任は偶然その場に居合わせた人に移る。だからこそ、事故現場で手助けをしなければ憤慨を招くことになるんだ。いっぽう、それ以外の場合には、人助けを私たちは道徳上の可能性の一つとみなしはするが、義務だとはみなさない」

「この場合でも、黄金律をあてはめることができますか?」とマヌエルが尋ねた。

「もちろん、そう思うよ。ただし、私たちはみんな聖人になるべきだといった要求がまた結論として掲げられてしまうことのないように、特別に注意する必要がある。おそらく、カミラの叔母さんは、次のように考えたんだろう。「もし私がいま、この貧しい女性であったとしたら、私はどんなふるまいをほかの人たちに期待するかしら？」とね。そして、彼女は、この問いに対する自分自身の答えを実行に移そうと試みたんだ」

「そういうことなら、叔母さんの考え方は筋が通っているじゃないですか！」とマヌエルが言った。

「さしあたっては、そう見える。でも、自分をあの貧しい女性の立場に置き入れてごらん。あの貧しい女性は実際のところ何を期待していたんだろう？　彼女は、他人であっても貧しい人は自分の家に受け入れるべきだといったことが、普遍的な規則になることはありえないと知っていた。だからこそ彼女は、それを正当な権利だと主張することはしなかったんだと思うよ。もし追い返されたとしても、彼女はそれを怒ることはできない。そして、もし誰かが受け入れてくれたなら、彼女はその気前のいい態度に感謝してよろこぶかもしれないけれど、迎え入れる側には、そうしなければならないという義務はないんだ」

「それなら、貧しい人々を助けるという道徳上の義務はぜんぜんないっていうんですか？」とグローリアは、信じられないという顔で尋ねた。

「それはたぶん、道徳上の非常に複雑な問題の一つだろうね」とイバラ先生は答えた。

「私自身は、個人では解決できず、共同での取り組みによってはじめて解決することのできるような道徳的問題がある、という考えをもっている。私たちは同胞に対して、個人としては責任がないけれど、国家とか地方自治体のような政治的な組織の構成員としては責任があるんだ」

「でも、それだと貧しい人たちの問題って解決しないんじゃないでしょうか？」とカミラが言った。

「いや、たぶんそれが唯一の方法なんだよ。君にはある種の責任がある。だがそれは、政府が貧しい人たちを責任をもって世話するように、できるだけ精力的に政府に働きかけなくてはならない、という形での責任だ。それは、すべての人々の問題なのだから、その解決だって、共同の努力によってしか可能にならないんだ」

「それじゃ、その意味においては、ぼくらも貧しい人々を助けるよう道徳的に義務づけられてはいるんですね？」と、セバスティアンが尋ねた。

「私としてはそう思っているよ」と、イバラ先生が言った。

「それなら、この問題にはぜんぜん興味がないと人々が思っていたとしたら、どうなるんでしょうか？」とマヌエルが尋ねた。「そういう場合は、禁止事項を破るときと同じように彼らは道徳上の規則を破っていると言わなくちゃならないですよね？」

「そうだね。ただし、さっきも言ったように、あくまで共同の課題ではあるんだけれどもね」

「でも、もし私たちがこういう課題を政府に任せてしまったら」とカミラが口をはさんだ。「そのことは、困っている人を助ける義務から個々人を免除してしまうっていうことを意味しませんか？」

「そういうわけではないよ」とイバラ先生は答えた。「たがいに協力し合う義務、つまり連帯の義務というものが個々人にあり、それはこれから先もなくなることはない。連帯の義務は黄金律の一つの帰結なんだが、いかんせん、その範囲が明確ではない義務なんだ。私たちはおそらく、人々がいま以上によろこんで人を助けてくれる存在であることを願うだろうが、願うということと要求するということは別ものなんだよ。私は、同じ人間どうしがおたがいに、またさまざまな組織も手を結び合って、杓子定規《しゃくしじょうぎ》な態度を捨てて、もっと自発的に人助けを行ってほしいと希望している。しかし、連帯をめぐる問題を解決するためには、はっきりした規則があってそれが守られないときには憤慨して当然なんだっていう考えを離れる必要があるんだ」

生徒たちはこの長い話し合いを終えて、イバラ先生と別れの挨拶を交わした。図書館を出たあとで彼らは、もう一度自分たちの考えを整理してみようとした。あまりにも多くの新しい事柄が彼らの頭をいっぱいにしていた。みんなそれぞれ、人助けの義務について自分自身の問題としてあれこれ考えをめぐらしていた。そうして黙ったまま廊下を歩いていたとき、グローリアが突然あることを思いついた。

「もし誰かが自分自身が得《とく》するためじゃなくて、ほかの人を助けるために道徳上の禁止を破ったとしたら、それはいったいどうなるのかしら？」

「へんな質問だね」と、マヌエルが言った。

「ぜんぜんへんじゃないわ、だって現実に起こったことなのよ！　母が昔、ある人を窮地から助け出すためにあえて嘘をついたときのことをいま考えていたの」

「話してみなよ」と、アルヴァロが好奇心いっぱいな様子で求めた。

「まだ憶《おぼ》えているけど、パニックに陥った一人の若者がこちらに向かって通りを転がり出てきたとき、母はちょうど家の前に立っていたわ。母はすぐに状況を把握して、追ってくる人がまだその角を曲がってくる前に若者を私たちの家に引き入れたの。追ってくるその人は、私たちの家のあるところまでやって来たとき、怒り狂った様子でナイフを手にしていたわ。それで、母は道の向こうのいちばん近い路地《ろじ》を指さしたの。追ってくる人がいなくなったので、不安におびえた若者も外に出ることができて、反対の方向へ走り去っていったわ。たしかに、結果としては助けることができたんだけど、それでも結局、母は嘘をついてしまったことになるでしょ？　嘘をつくなんて、ふだんの母ならぜったいにしないことなんだけど」

「それでも、あなたのお母さんは正しいことをしたと思うわ」とカミラは言った。「そういう状況では、彼女には若者を助ける義務があったと思うもの」

「ぼくもまったく同意見だよ」とマヌエルが言った。「ぼくは、もし嘘をつくことで人の命を救えるんなら、いつだってそれは嘘をついてもいい理由になると思う。こうしてみると、人助けの義務は、たしかに一般的には、嘘をついてはいけないという禁止ほどの重みはないけど、場合によってはその重みが逆転することもありうるんだね」

「それじゃ、どういうときに何を優先すべきか決めるために、さっそく呪文でもとなえてイバラ先生を呼び出すことにしようか？」とアルヴァロはひやかして、からかうような眼差しをマヌエルに向けた。

「たぶん、いまはそんな魔法なんてぜんぜん必要ないと思うよ。とにかく、もう一度黄金律を使ってみよう」とマヌエルは言った。

「あなたはどう思うの？」とカミラが尋ねた。

「ぼくはこう思うんだ」とマヌエルは言った。「嘘をついてはいけないという命令と人を助けよという命令の場合のように、二つの命令が矛盾しているとき、ぼくらはこんなふうに自問自答する必要があるんじゃないかな。つまり、この場合にこの両方の命令を超える力をもつべき最高の規則はどんなものでなくちゃならないのかって。言い換えると、誰かが追われていて人が嘘をつくことで彼を助けられるような場合、普遍的に通用すべきこととして、ぼくが、そしてぼくたちの誰もが望むことは何なのかってね。人はそのとき、嘘をついて彼を助けるべきなのか、あるいは、真実を告げて彼をその追跡者たちに引き渡すべきなのか？　最高規則は「この種の場合には人を助けよという命令が優位に立つ」というものでなくてはならないってことに、ぼくらはみんな（ぼくたち自身がナイフを振りまわすのでないかぎり）賛成するのは明らかなんじゃないかな？　それとも、みんなが賛成するとはかぎらない？　もちろん、この場合、ナイフ男はそれに賛同しないだろうね。でも、ナイフ男だって、自分自身の心に、もし自分が追いまわされる側なら、あるいは自分が第三者なら何を望むだろうかって問わなくちゃいけないはずだ」

「あなたってほんとうに天才ね、マヌエル」とカミラが言った。「もし、あなたの言っているとおりなら、こういうふうに二つの規則が矛盾し合うときには、これまで黄金律をあてはめたのと同じようにすればいいってことになるわ。つまり、普遍的な規則として私たちは何を望むのかって自問するだけでいいのよ」

「要するに、ぼくたちは自分の欲求や気分しだいで規則の重みを好き勝手に決めちゃいけないってことだと思うんだ。このことはイバラ先生がいなくたって、自分で考えつくことができる」

「そう思うかい？」とセバスティアンが言った。「こういう特別なケースなら、それは正しいように見える。でも、前にカミラが話してくれた薬局の例を思い出してごらんよ。あの話をしたときには、重い病気の子どもの父親が薬を盗む権利があるのかないのか、はっきりしていなかったはずだよ」

「矛盾し合う二つの命令は、ここでは何になるのかしら？」とカミラが尋ねた。

「いっぽうは」とマヌエルが言った。「盗んではならないという命令で、もういっぽうは、人を助けるべきだという命令だろうね」

「そうだよね」とセバスティアンが言った。「でも、それだと君のやり方ではうまくいかなくなるってことが、君にはわかんない？　だって、そんな苦しい状況に置かれたら、その父親には薬を盗む権利があるって、ふつうの人なら思うんじゃないかな。だけど、君の方法だとまったく逆の回答になってしまうよね。なぜって、薬局の例の場合には最高の規則は「もし誰かがとても苦しい状況にあるときはいつだって、その人は盗んでもよい」っていう内容になるだろうけど、これは普遍的な規則として通用しえないはずだからね」

「どうして？」とカミラが尋ねた。

セバスティアンは笑った。「だって、いつでも誰かはとってても苦しい状況にあるからさ。いま言ったような規則を普遍的な規則としてみなよ。そうしたらあっちこっちでいろんな人たちが薬局やスーパーマーケットに押し入ることになっちゃうじゃないか」

マヌエルは、はじめ当惑して黙っていたが、そのあとでこう言った。「そういうことなら、このケースでの規則として君があげたものが不適切だったのかもしれないよ。ここでは人助けの規則を特別な場合に限定して理解しなくちゃならないんだ。つまり、「重病の子どもの命がかかっているときはいつだって、人助けの命令が優先されるべきだ」って言ったほうがいいんだよ、たぶん」

「へえ、そう?」とセバスティアンが言った。「それじゃあ、重病の母親の命がかかっている場合だったらどうなんだい? あるいは、子どもたちがひどく腹を空《す》かせていた場合は? いったいその子どもはどのくらい重い病気じゃなくちゃならないんだ? やっぱり、ありとあらゆる人たちがあっちでもこっちでも商店やスーパーに押し入ることになるはずだ。社会の秩序は崩壊してしまうだろうね」

「それは、私たちの社会秩序がよくないっていうことを示しているにすぎないわ」とグローリアが言った。

「じゃあ、イバラ先生のところに行こうか!」とアルヴァロがひやかした。

7 共感と反感

数日後、生物の授業で新しいテーマが扱われた。進化論である。担当のモンタ先生は、地球の歴史における生物種の発達について大まかな説明を終えた。すると、すかさずグロリアが質問した。

「先生、もし私たち人間が動物界から発達してきたというのがほんとうなら、人としておたがいに敬意を払い合うというようなことはいったいどんなふうにして始まったんでしょうか？」

「動物たちは、道徳と呼べるようなものをもってはいません」

「ほんとうですか？」とマヌエルは驚いて尋ねた。「動物だって、自分を顧みないで行動することがあるじゃないですか」

「まあ、それは「道徳」という言葉をどう定義するかによりますね。この言葉が利他的な行為あるいは利他主義ということを意味するだけなら、動物も道徳をもっていると言えるでしょう。だけど、「道徳」と「利他主義」というこの二つの言葉は区別したほうがいいんです。動物に見られる利他主義は、本能に導かれたものですからね」

「利他主義ってなんでしょうか？」とグローリアが質問した。

「利他主義っていうのは利己主義《エゴイズム》の反対です。自分の利益のためにとる行動は利己的と呼ばれます。ほかの人たちの利益のためにとる行動は利他的と言うんです。たとえば母親が子どものために自分を犠牲にするなら、それは利他的な行動です。人間か動物かにかかわりなく、それは利他的と呼ぶことができます。あるいは、天敵のタカやワシを目にしてほかの鳥が警告の叫びを発するのも、利他的なふるまいです。なぜかというと、叫び声を出すことでその鳥は、仲間たちに天敵がいることを知らせるだけじゃなくて、天敵の注意を自分に引きつけますからね。ただ動物の場合、そういう行動は本能のうちにあらかじめ組み込まれています。動物は決まったやり方で行動するしかないんですよ。それにひきかえ人間は、自分がどのように行動したいのか、よく考えてみることができます。そんなふうに考える余地があるのは、人間の利他的なふるまいが本能でまるごと決まっているのではなく、規範に従って選び取られる面があるからなんです」

「規範ってなんですか？」とマヌエルが質問した。

「規範とは、行動の規則《ルール》のことです。規範のあるところでは、「当為《とうい》（べき）」について語ることができます。たとえば、「人を殺すべきではない」というふうに。それにひきかえ、鳥が警告の叫びを発するのは、そうすべきだからという理由によるのじゃありません。鳥自身にとっては、理由というようなものはまったく存在していないといえます。鳥がそうするのは、そうするほかないから。ここに人間と動物の違いがあります。人間の場合は、行動すべきであるからといって、かならずそのとおりに行動するかというと、まったくそうじゃありません。この意味で人間は自由だといえます。つまり、人間は、こう行動すべきだというのとは別なふうにも行動できる。ところで、規範はすべてが道徳的な命令であるわけじゃありません。たとえばゲームやスポーツの規則も規範だし、規範というものにはほかにもいくつかの種類があります」

「では、道徳の特徴はなんなんですか?」とマヌエルが質問した。

「どんな規範が問題になっているのかを知りたいときには、その規範を守らないとどんなことが起こるだろうかと自分で考えてみるといいですね。チェスやサッカーをしているときにあなたがその規則に、つまりその規範に違反するなら、ほかの人たちはあなたとそれ以上チェスやサッカーを続けようとは思わなくなる。こういう規範と道徳的規範との違いは、道徳的規範の場合はそれに違反するとほかの人たちが憤《いきどお》る、という点にあります」

「そのことについては、このあいだイバラ先生が話してくれました。憤りと怒りと罪悪感とは密接に関係しているんだって先生は言っていました。ほかの人がそうするのを目にしたら憤らざるをえないような行動を自分自身がしてしまったときには、それをした人は罪悪感をおぼえることになります」

「そのとおりです」とモンタ先生は言った。「だから、そういう道徳的な感情と無関係に道徳的規則を身につけることはできないんですよ。道徳的に何が命じられているのかを、私たちはまず、習得する必要がある。道徳的規則というのは、動物の場合とちがって、本能を支配する自然法則といったものではないからです。人間にとって利他主義は、少なくとも部分的にせよ規範にかかわることである以上、厳密に言えば規範にのっとった利他主義だけを道徳的と呼べるんです。人間に見られるどの利他主義も道徳的であるというわけじゃありません。愛情や共感から行動する場合は、そのように行動すべきであるからという理由で行動するのとはちがいますからね。とはいえ、共感から行動しているときでも、その行動は動物の場合とまったく性質がちがう。なぜなら、私たちはいつだって、ちがった行動をとることもできるからです」

「よくわかりません」とアルヴァロが言った。「いったい道徳的規範ということで先生は具体的に何を考えているんですか？」

「あなたがたはきっと黄金律のことは知っていますね――「人からされたくないことは人にもしてはならない」という規則。さて、ではなぜ自分がされたくないことはすべきじゃないんでしょう？　これについて私は、ある根本的な規範があるからだって考えています。その根本的な規範とは、ほかの人びとに敬意を払うべきである、ほかの人たちを人として認めるべきである、というものです。ほかの人々を人として認めるということの意味は、ほかの人たちの権利を認めるということだ、と私は考えています。あらゆる人が一定の権利をもっていて、もしある人がとくに自分と近い関係にある場合には、たとえば自分の両親であったり友人であったりした場合には、その人は特別な権利をもっている――。そういうことを私たちは当然のこととして受け入れている。ほかの人びとの権利には、私たちの義務が対応している。aがbに対してある権利をもっているならば、bはaに対してある義務を負っていることになる。そして逆に、bがaに対して義務を負っているとは、aがbに対して権利をもっているということにほかなりません。この説明で、道徳的な利他主義と動物の利他主義との違いを、よりはっきりと示すことができます。道徳を形づくっているのは、さまざまな義務なんです。義務として課せられているのは、たとえば、約束を守るということ。動物の場合には、義務や当為について語ることはできません」

「だとすると、自分の気に入らない人たちに対しても敬意を払うべきであって、それは道徳的な義務なんだ、ということになりますか?」とセバスティアンが尋ねた。

「そのとおりです」とモンタ先生は答えた。

「いまのお話でまだよくわからないことがあります」とグローリアが言った。「いったいなぜ共感じゃ不十分なんですか?」

「それはね、共感というのは、限界がありすぎて、また、不安定でもあるからなんです。時として私たちは、とても親しい人間に対しても憎しみの感情をいだくことがあります。奇妙に聞こえるかもしれませんが、私たちは、自分が好きな人間だって憎んでしまうことがあるんです。反感がそのままあからさまな憎しみに移行することはよくあることで、憎しみは憎しみを引き起こします。そして憎み合いが暴力によるいざこざを引き起こし、それどころか戦争を引き起こすこともある。もしあらゆることが共感と反感だけによって行われるとしたら、私たちの社会はどうなってしまうでしょう、想像できますか?」

「そうなったら、ゴロツキが牛耳《ぎゅうじ》る社会になってしまう」とアルヴァロは言った。

「たしかにそうだ」とセバスティアンが同意した。「ちょっとしたことですぐ殴り合いになっちゃうだろうね」

「だからこそ、共感というものの限界を補うのが道徳なのだ、と言われているんです」とモンタ先生は話をまとめはじめた。「道徳は、共感が拡張されたものにほかならないって言う人もいますが、それは正しくないと思います。人を人として認めることや人に敬意を払うことは、人に共感するというのとは別のことです。「彼らがあなたの気に入らなくとも、あなたは彼らに敬意を払うべきだ」というふうに語られることがありますが、これは道徳の特徴をよく表しています」

休み時間にアルヴァロはほかの生徒たちに、モンタ先生の説明をどう思うか尋ねてみた。

「どう考えたらいいのか、まだ整理がついていないの」とカミラは言った。

「何か引っかかることがあるの?」とグローリアが訊いた。

「もともとあんまり好きじゃない人間にも敬意を払わなくちゃならないとしたら、両親が私に言うことも正しいってことになるわ。嫌いな人たちに対しても礼儀正しくしなさいって両親からよく言われるの」

「それで?」

「よく家に来るんだけど、そのたんびにうんざりしちゃう伯母さんがいるのよ。その伯母さんがこのあいだ病気になって、ずっと横になっていなくちゃならなかった。母は私に、伯母さんのお見舞いに行ってきなさいって言ったわ。伯母さんは寂しい思いをしているんだからって。もちろん私はそんなこと、ぜったい嫌だったわ。でも母は、たとえ行きたくなくてもそうしなくちゃならないのよ、と言ったの。そうするのは人としての務めなのよって。それで私は、歯をくいしばって伯母さんのところに行って、その義務を果たしたわ」

「きっとお母さんは、その機会をとおして、人を尊重するってどういうことなのか、あなたにわからせようとしたのね」とグローリアは言った。「たとえ気に入らない人であっても、私たちは人間に対する敬意をその人にも払わなくちゃならないのよ」

「ぼくもそう思う」とマヌエルが言った。「でもカミラ、そのときにすぐそのことがわかった？」

「私がそのときどんなに頭にきてたか、あなたにはとても想像できないほどだったと思うわ。母の言ったことは道理に適《かな》ってたんだって、いまとなっては思うけど、あのときはまだそこまでは考えられなかった」

「尊重とか敬意とかが話題になるのは、友だちや家族とは別の、あまり親しくない人に対してだけだとぼくは思うけど」とアルヴァロは言った。

「どうして？」とマヌエルは尋ねた。

「友だちだって尊重しなくちゃいけないって、私は思っているわ」とグローリアは、アルヴァロが何か答えようとする前に言った。

「自分の家族だってまったく同じよ」とカミラは言い添えた。

「でも逆に、親たちだってぼくらを尊重すべきだと思うよ」とセバスティアンが言った。

「どうしてそこにこだわるの?」とグローリアは知りたがった。

「それはね、親たちはたしかにぼくらのことを愛してくれてるけど、それでも、必要な敬意や尊重をぼくらに払わないことがあるからさ」

「つまりどういうこと?」とアルヴァロが言った。

「こんなことがあったんだ」とセバスティアンは話しはじめた。「このあいだ母の友だちが訪ねてきた。小さな子どもをいっしょに連れてね。ぼくの母はその子が大好きで、その場でその子に何かプレゼントをしようと思った。そこまではいいんだ。でも、母がその子にあげたのは、よりによってぼくのレーシングカーだったんだよ! そのときぼくは家にいなくて、夕方に帰ってからすべてがわかった。いくらなんでも、ちょっとひどいよね。だって、そういうことは、少なくともぼくに断ったあとですべきだろう? 母のやったことは、ぼくに対する尊重をまるっきり欠いていると思う」

「そのとおりだわ」とカミラは言った。「親たちもまちがったことをするときがあるって私も思う。誕生日会のとき私たちはほんの何人かの友だちしか呼んじゃいけないのに、親たちはおおぜいの親戚を招待してるもの!」

「ということは、アルヴァロの言ったことはやっぱり正しくないわけだね」とマヌエルが言った。「尊重すべきなのは、相手が友だちや知り合いじゃないときにかぎる、という考えは正しくないんだ。自分と親しい仲の人たちに対しても、ぼくらは敬意を払わなくちゃいけないいんだよ」

「でも、好きな相手なのに尊重しないことがあるだなんて、どうしてそんなことを思いついたんだい？」とアルヴァロは尋ねた。

「さっきその例を話したばっかりじゃない」とカミラは言った。「ほかにもう一人、別の友だちのことを思い出したわ。その友だちの家族はいつも彼のことを抱きしめたりキスしたりするのよ。彼はそれが嫌で嫌でしょうがないの。だけど、お母さんもお姉さんたちも彼のことが可愛くてたまらないからって、嫌がられてもついついそうやってしまう。ぼくは人形みたいに扱われているんだって彼は愚痴《ぐち》ってたわ。自分が尊重されているんだっていう気持ちに彼はなれないんだけど、家族がみんな彼のことを好きなのは確かなわけ」

「私のいとこにも同じような目にあってる子がいるわ」とグローリアが言った。「彼のことをお母さんが学校まで車で送ってくれるんだけど、別れぎわにいつもそのお母さんは彼にしっかりとキスをするの。彼はそれが死ぬほど嫌なのよ。だって、そのことでクラスメートたちが派手にからかうから。私は、叔母さんがもっと彼の言うことをまじめに受けとめて、みんなが見ている前で何度も彼にキスするのはやめるべきだと思うわ」

「どちらもとてもいい実例だと思うな」とマヌエルは言った。「好きなのに尊重しないはずがないってアルヴァロは考えていたけど、実際にはこれが成り立ってしまうことがとても多いんだ。誰かがある人を好きでたまらないとしても、愛している人自身がその相手を抑えつけちゃうということは起きてしまうんだよ。愛はたしかにあるんだけど、尊重するっていうことが欠けてしまっているから」

「子どもが仕事を選ぶときに親が口出ししてくるのも、同じだよね」とセバスティアンが言った。「親がそうするのは、特定の仕事についたほうがあとで子どもが幸せになれるって思うからなのは確かだけど、子ども自身が何をしたいのかにはぜんぜん無頓着《むとんちゃく》な親もいる。子どもの決定も尊重されなくちゃいけないんだってことを、そういう親は考えてみようともしないんだ」

「でも、親の言うことがまったく正しいってこともよくあるけどね」とアルヴァロは言った。「まあ、どっちにしても、ぼくんちの親はそんなときは何も指図しないだろうって思うよ」

「それならよろこばなくちゃ。ご両親はあなたのプライバシーに配慮してくれるんだから」とカミラが言った。「とにかく思いっきり一般化して言えば、こういうことになるわね。愛だけでは不十分で、尊重と敬意もなければならないって」

「ほんとうにそうだね」とマヌエルはこの結論に賛成した。「誰かがある人を愛していても、それだけじゃまだ、その相手を尊重しているってことにはならない。そしてその逆に、尊重している相手をかならずしも同時に愛している必要はないとも言えるよね」

その翌日、生物の授業が始まろうとしたときにグローリアは、「あのう、モンタ先生」と口を開いた。「先生は前回の授業のときに、いつでもおたがいに尊重し合わなければならないっていう人間の義務について説明してくれました。そのことについて、一つ質問したいことがあるんですが」

「いいですよ、グローリア。でも手短にお願いします。授業も進めないといけませんからね」

「よくわからないのはこういうことなんです。まわりの人間に対する敬意はとても大切なことであるはずなのに、どうして誰かが別の誰かをいじめるようなことが起こるんですか？　それが何か自分の利益になるっていうのならまだしも、相手を怒らせたりばかにしたりするのがただ楽しいからっていう理由だけでいじめが行われることもよくあります。そんなときは敬意というようなものはそこにまったく存在していないってことにならないでしょうか？」

「そのとおりだとも!」とアルヴァロが突然大声を出した。「そういう奴らはなんでもやりたい放題だ! 卑劣なことをして喜んだり、体の特徴を笑いのネタにしたり、ひどいあだ名をつけたり。あ、ちょっと待てよ……いま気づいたけど……うーん、ぜんぶぼくもやってることだった……」そして少し声を弱めてアルヴァロは付け加えた。「だけど昔とくらべたら、もうあんまりしなくなったし……でも、自分が何をしているのか、自分でもわからなくなっちゃうことはあるなあ……」

「子どもたちのそういうふるまいについては、心理学者が説明してくれています」とモンタ先生は言った。「子どもがほかの子どもを怒らせるのは、自尊心が未熟だからだっていうのが心理学者の考えです。子どもは、自分がいったいどういう人間なのか、どんな価値をもっているのか、それを知りたい。そのために、さしあたりまずほかの子どもたちとの違いをはっきりさせようとするのだ、というんです」

「どうしてそれが意地悪と結びつくんですか?」とカミラが尋ねた。

「ほかの子どもを打ち負かすための一つの方法が、意地悪をすることだからですよ。周囲の子がみんな無価値だとしたら、それとの比較でたちまち自分が価値あるものだと感じられるようになりますからね」

「でも、それってやっぱりひどいことです」とマヌエルは思いを口にした。

それに対してモンタ先生は、「それは通過儀礼の一つとして必要なことだから、度を越さないかぎりはそれほど問題にすべきことじゃありませんよ」と応じた。

「どういうときに度を越したことになるって先生は考えているんですか?」とグローリアは知りたがった。

「私はこういうことだと思います」とカミラが言った。「私が誰かを、たとえばあなたのことを、ひどく怒らせようと思ったら、あなたを「出目金《でめきん》」って呼ぶかもしれない。でもあなたは、そう呼ばれるような出っ張った目をしていないっていうことが自分でわかっている。こういう場合なら、それは罪のないからかいにすぎないわ。でももし私が同じようなことを、実際にそういう目をしている人に言ったとしたら、それは、人を深く傷つけるかもしれないひどい行いだっていうことになる」

「ただし、人が深く傷ついているっていうのはいったいどういうことなのか、定義しておく必要がありますね」とモンタ先生は言った。

クラスの生徒たちは、それについて考え込んだ。ひと呼吸おいてグローリアが手をあげた。

「私は、とにかくほかの人の身になって、もし自分がその人だったらどう感じるだろうかって自問しなくちゃいけないと思います」

「そうそう。黄金律だ！」とマヌエルが言った。

「あなたがたはイバラ先生のところへよく足を運んでいたようですね」とモンタ先生は微笑みながら言葉をはさんだ。

「でも、子どもたちは「出目金」だとか何だとかって、いつもからかい合ってます」とセバスティアンが言った。「ほかの人の身になってみるなんて、子どもたちがするわけないですよ」

「そうですね」とモンタ先生は言った。「まだ大人にならないうちは、対立し合う二つの素質が自分のなかで戦い合っていますからね。いっぽうで私たちは、自分のまわりの人たちをばかにしたり笑い物にしたりすることに抑えがたい欲求を感じる。もういっぽうで私たちは徐々に良心を発達させていく。そうしてだんだん、ほかの人間に害を加えることは良心とは相容《あいい》れないんだっていうことがわかってくる。こういう発達が完了すると、ほかの人たちを軽く見ようとする気持ちが芽生えても、それをすべて抑えられる力が良心にそなわるようになるはずです。これが、道徳的な成熟と言われているものなんです」

「でも自分を抑えることができないときは？」とアルヴァロが質問した。「たとえばカンカンに頭にきちゃったときでも、まだ自分にブレーキをかける方法ってありますか？」

「それは、実際、かなり難しいことですね」とモンタ先生は言った。「それにまた、非社会的と言えるような攻撃的な感情は、ただ抑えられればいいっていうわけでもありません。とくに子どもたちの場合にはね。なぜかというと、それだと外面はいい人を演じながら内面では不合理な罪悪感をかかえ込んでしまうってことにもなりかねないからです」

アルヴァロはこの答えにとても満足したようだった。

「では、どんなことをすればいいんでしょうか？」とマヌエルは尋ねた。

「辛抱強いしつけや教育が必要ですね」とモンタ先生は言った。「でも道徳教育は、エゴイズムをただ否定するだけといったものであってはいけません。それとまったく逆に、攻撃性を、私たちの現実の正当な一部として理解する必要があると思います。この攻撃的な部分は、人間が生きるとはどういうことなのかを総合的に理解していくなかで、しだいに人格全体のうちに統合されなくちゃならないでしょうね。攻撃性の存在を頭から否定しちゃいけないんですよ」

「攻撃性を統合するって、どうすればできるんでしょうか？」とマヌエルは尋ねた。

「子どもたちを励まして、自分たちの攻撃欲求に気づかせて、その存在を受けとめさせる必要があると思います。いい子でいる外面と、抑えつけられた攻撃欲求が潜んでいる無意識の内面、そういう二つの世界に人格が分裂した状態で生きるような人間にすべきではないんです」

「でも、攻撃欲求を認めるべきだとすると、おたがいに敬意を払い合わなくてもよいっていうことになってしまいませんか？」とカミラは尋ねた。

「そういうわけじゃありませんよ」とモンタ先生は言った。「ほかの人たちを軽く見るというのとはちがうやり方で自分の攻撃性をうまく表現することを、みんな学ぶ必要があると思うんです。道徳と攻撃性とのあいだにあるのは、道徳に攻撃性が従属するという関係であって、どちらをとるかという二者択一の関係じゃないっていうことを理解するのが大切なんです」

「では、何かの理由で誰かに対して頭にきてる人は、頭にきてる自分をどうしたらいいんでしょう？」とマヌエルは尋ねた。

「そういう人はどうしたらいいのか、みなさんはどう思いますか？」とモンタ先生はクラスの生徒たちに問い返した。

「その人は、相手のところに行って、話し合いをもとうとしてみる必要があります。相手を攻撃しようとしたり相手を侮辱しようとしたりするかわりに」とカミラは言った。

「ほかの人はどうでしょう？」

「私もそれが正しいと思います」とグローリアが言った。「話し合うことで争いを避けなくちゃいけないと思います」

「そうは言っても、あんまり頭にきすぎて穏《おだ》やかに話し合うなんて無理ってことが多いんじゃないか？」とセバスティアンは異を唱えた。

「そんなときには、気持ちが静まるまで待つしかないわ」とカミラが言った。

「そう簡単にいくわけないよ」とセバスティアンは言った。

「簡単だなんて誰も言ってないわよ」とカミラは笑った。


そのあとは生徒たちから質問が出なかったので、モンタ先生は生物の授業を進めることができた。けれどもマヌエルは、攻撃性の問題について考えをめぐらせつづけていた。とくにカミラの言ったことが気にかかった。それでマヌエルは、授業の最後にまた質問した。

「モンタ先生、ほかの人に腹を立てたり、それどころか怒り狂ったりしている大人についてはどうでしょうか。そういうときでも大人は、おたがいに敬意を払い合っているんですか。大人も、相手を傷つけるようなことをおたがいに言い合ったりはしないんですか？」

「大人だって、子どもと似たり寄ったりのことが多いさ」とセバスティアンが小声でつぶやいた。

「ええ、そうですね……」とモンタ先生は言った。「結局のところ大人たちも、まわりの人間のことを陰でばかにするなんてことはたしかにあります。それでも大人たちは、表立ってそうすることはありません。人前では自分を抑制する術《すべ》を学んでいますからね。悪口の言い方も巧みになっているんです」

「たとえば?」とグローリアは尋ねた。

「誰かの面目を失わせるためにその人のプライバシーにかかわる事柄を暴露するようなことがときどきあるじゃない」とカミラは、知っていることを述べた。

「サッカー・スタジアムじゃすごいよ」とアルヴァロは思いついたことを口にした。「試合中、サッカー選手に向かって、敵のサポーターがひどいヤジをさんざん飛ばすんだ。自分のチームを勝たせようとしてね」

「そうですね」とモンタ先生は言った。「実際、サッカー・スタジアムでは、子どもたちより大人のほうがましだなんてとても言えない有様《ありさま》になっています。それでも、サポーターが相手側をからかう程度にとどまっているのなら、そうたいしたことじゃありません」

「でも、たいへんなことになりかねないと思いますよ」とセバスティアンは口をはさんだ。「サポーターたちが暴れだして、手当たりしだいにものを壊したりおたがいに殴り合ったりしたら。スタジアムで死んでしまった人だっているじゃないですか」

「まったくあなたの言うとおりです。その場合にはもう、害がないなんて言えませんね」

「だからサポーターの集団も、おたがいに尊重し合うようにすべきですよね。これは、一人ひとりの人間にそうすることが求められているのとまったく同じことです」とマヌエルは言った。

「国際試合のときはそうなるよ」とアルヴァロが言った。「だって国際試合では国じゅうのサポーターが集まって、争いをぜんぶ忘れて、国の代表チームをいっしょに応援するんだから」

「そうかもしれないけど」とグローリアが言った。「でも、そのサポーターたちは今度は外国のチームのファンたちを攻撃するじゃない」

「それじゃあ君は、外国チームのファンたちに対しても敬意をもって接するべきだなんて思っているのか？」とアルヴァロは、信じがたいとでもいうように尋ねた。

「もちろん、そう思うわ」

「いま問題になったことについては、もう少し掘り下げて考えたほうがよさそうですね」とモンタ先生は提案した。「国内のサッカーチームのファンどうしがおたがいに敬意を払い合うべきだということには、さっきみなさんの理解が得られました。ところがいま、外国のチームのことが話題になったら、それを疑問視する声があがっています。それはちょっと差別的な態度と言えるんじゃないでしょうか？」

「それはどういう意味ですか?」とグローリアが尋ねた。

「いまの言い方ではまるで、外国から来た人間はもともと価値が劣っていて、私たちと同じ権利をもっていないとでも言っているような感じがします。そうだとすると、外国人に敵対するようなさまざまな動きに、スポーツも絡《から》めとられているってことになりますよ。そういう動向は前からこの国にありますからね。この国でインドネシア系の少数民族や東洋系の移民が、時にどんな扱いを受けているか、考えてごらんなさい」

「ぼくはあらゆる人間に同じ敬意を払わなくちゃいけないって思います」とマヌエルは言った。「だって黄金律をあてはめてみれば、同じように敬意を払ってもらいたいと、あらゆる人が望んでいるってわかるんですから」

「それは、言うのは簡単だけど、実行するのは難しいよ」とセバスティアンが反論した。「結局、多くの人間はぼくらとはちがうんだし、移民の人たちは、ぼくらには馴染《なじ》みのない習慣に従って生きている。だから、彼らはぼくらにとって鬱陶《うっとう》しいのさ」

「だけど、自分がいだくその人たちへの反感は自分自身でなんとかすべきだとは思いませんか?」とモンタ先生は尋ねた。

「たしかにそう思います」とカミラは叫んだ。「でも、どうしたらいいんでしょう?」

「外国人のところにいると自分たちに馴染みのないことがたくさんあるってセバスティ

アンがいま言いましたね。ほんとにそのとおりです。だからこそ私たちは、その馴染めなさ自体を克服する必要があるんじゃないでしょうか？　自分たちとちがう文化をもっとよく知るよう努力しなければいけないって思うんです。これは近隣の国と付き合ううえでとくに大切なことです」

「それはどうしてですか？」とグローリアが尋ねた。

「なぜなら、国家も個人とまったく同じだからです。国家というものは、国民としての誇りとやらを、あっというまに作りあげてしまいます。それが国民の自尊心を強めることになるわけですが、その誇りは同じようにあっというまに度を越して、近隣の国に対する攻撃的な態度へと変化しかねません。そうなると脅しが始まり、腕力つまり武力をちらつかせるようになる。子どもの場合とまったく同じですね。これはよくないことです。こういう威嚇的なふるまいによって、あまりにも簡単に戦争が始まってしまうからです。戦争に向かうそのような興奮が高まることで、道徳にかんするもろもろの概念が歪《ゆが》められてしまうという点でも、それはよくないことなんです」

「それはつまりどういうことでしょう？」とマヌエルが質問した。

「たとえば「勇気」という概念は、そういう好戦的な状況ではとても狭い意味で用いられがちです。そうなると、軍事的な力による防衛をよしとする人だけが勇気のある人だとされるような事態にすぐなってしまいます。でも、防衛のための戦争と攻撃のための戦争とを区別するのは簡単なことじゃありません。それは、歴史を見れば明らかです。これも、子どもどうしの喧嘩に似ているんですよ。ふつう戦争は、おたがいに威嚇し合うことで始まります。だからほんとうの勇気というのは、国の場合でも個人の場合でも、自分や友だちを思いとどまらせることにあります。つまり、憎しみ合うことの悪循環にはまり込んで、しまいに暴力を振りかざすところまでいってしまうのは、勇気じゃないんですよ」

「どんなときでも暴力は避けないといけないんですか？」とアルヴァロは質問した。

「もちろんです。平和のためにあらゆることを行うのが、道徳的に正しいことです」

「それでは、私たちは黄金律をいろんな国のあらゆる政治的な行いにもあてはめるべきなんですか？」とカミラが尋ねた。

「そのとおりです。黄金律はどんな場合でも使えます。子どもたちが攻撃的な行いを我慢しなくちゃならないのとまったく同じように、政府にも、思慮深く行動する責務があるんです。ほかの国の国民に対する憎しみを掻き立てるようなことは、戦争になりかねないからとっても危険なことです。でも問題はそれにとどまりません。民衆を煽《あお》り立てるようなことは、戦争になるかならないかという結果とは無関係に、それ自体として道徳に反することでもあるんですよ」

8　罰と責任能力

クラスのみんなが固唾《かたず》をのんでいた。ヴェレダ先生が教室に戻ってくるのを不安な気持ちで待っていたのだ。なぜなら教室を急いで出ていきながら先生が大きな声でこう言ったからだ――「あなたたちとすぐに大事な話をしないといけません。こんなことはぜったい許しませんよ」いったい先生は何が言いたいんだろう。

クラスメートのユアンが強張《こわば》った顔で座っている。それにはマヌエルは気づいていた。でも、それがなぜなのかはわからない。

二、三分ほどで戻ってきたヴェレダ先生は、こう言った。「さて、みなさん。あなたたちと話し合わなければならないことがあります。隠し事をしないでぜんぶ正直に話すように。おたがいの信頼関係を大きく損《そこ》なうようなことをした人がこのクラスにいます。事件が解決されるまでは、誰も教室を出てはいけません。事件について何か知っている人はすぐに話してください。そうでないといつまでもここで待機することになりますよ」

「でもヴェレダ先生、いったい何のことなのか私たちにはさっぱりわかりません」とカミラが訴えた。

「そうなの？　それはごめんなさい。もうみんな知っていることかと思っていました。じつは、ロベルトの学年末の課題レポートがなくなってしまったんです。ちゃんと期限までに提出したとロベルトは言っていて、それは確かなようです。でも、提出用の袋を開けてみたら、そのなかにはなかったの。このままだと、課題未提出ということでロベルトの成績は評点一になってしまいます。ロベルトのレポートがいったいどこに行ってしまったのか、はっきりさせないといけません。蒸発して消えてしまうなどということはありえませんからね。誰かがちょっと悪ふざけをしただけなら、レポートはすぐに見つかるかもしれません。あるいは、ロベルトにわざわざ嫌がらせをしようとした人がいるのかもしれないし、ひょっとしたら自分が得《とく》をするために誰かがしたことなのかもしれません。ロベルトのレポートを自分の名前で提出することもできたわけですからね。だけどそんなことは、想像したくもありません！」

　ヴェレダ先生の真剣な様子に圧倒されて、生徒たちはみんな黙り込んでしまった。態度や声の調子から、先生がこの出来事によってどれほど傷ついてしまったのか、窺《うかが》い知れたからだ。

気まずい沈黙は、ロベルト自身の言葉によっていっそう深いものとなった。彼の目はまだかすかに赤みを帯びていて、その声は震えていた。

「もしもどこかに隠しているんだったら、どうかお願いだからぼくのレポートを返して。うまく隠すことができて、もう満足しただろ。でもぼくはそのノートを提出しなくちゃならないんだ。ノートさえ返してくれたら、いたずらした奴にも怒ったりしないよ。それは約束する。だからもういい加減、終わりにしてほしいんだ」

「そうよ。もう冗談じゃ済まなくなってるわ」と言って、グローリアは挑《いど》むようにまわりを見渡した。「それにもうすぐ授業が終わるのよ。放課後もロベルトのノートが見つかるまで何時間もここにいるなんて嫌だわ」

「自分がやったことじゃないのに、みんながこんなふうに罰をくらうなんて不公平だと思います」とアルヴァロは抗議した。

「残念ですが、この出来事を解決するまでは、誰もここを動いてはいけません」とヴェレダ先生はきっぱりと言いきった。「さて、解決に何か協力できる人は今すぐ発言してください」

「ぼくがやりました」無理に何かに挑みかかるかのようにユアンの声が響き渡った。クラスメート全員の前で発言するためにありったけの勇気を奮い起こしたかのようだった。しかしこのときはまだ彼の顔は無表情のままで、視線は宙をさまよっていた。

「ユアン、どうしてこんなことをしたの?」と先生はやさしく尋ねた。

先生の理解と同情を感じ取ったとき、ユアンの自制心が崩れ去った。顎《あご》は小刻みに震えだし、かすれた声で途切れ途切れにユアンは言葉をしぼり出した。

「学年末のこの課題を終わらせることができなかったんです……二つの課題でもう評価が出ていて、最低点の一でした……もう一つ悪い点数が付いたら、お父さんにボコボコに殴られてしまうんです」

「それであなたがロベルトの課題を抜き取って、自分の名前にして提出したんですね?」とヴェレダ先生は尋ねた。

「そうです……ほんとうに申し訳ありません……ロベルト、ごめんなさい」

このときチャイムが鳴った。ヴェレダ先生はユアンだけを残して、ほかの生徒は全員帰宅させた。先生とユアンはこれから校長先生のところへ行くにちがいなかった。それ以外の生徒たちは、困惑の表情を浮かべながら教室を出ていった。

マヌエルとその友人たちは帰り道でもまだ、きょう最後の授業で体験したことのショックを受けつづけていた。そのため彼らはみんな、物思いにふけっていた。話らしい話もしないまま歩いていたが、とうとうセバスティアンが問いかけた――「ユアンがしたことに対する罰ってどんなものになると思う?」

「学校を追い出されてしまう、なんてこともあるのかな?」とアルヴァロは応《こた》えた。

「そうは思わないわ」とカミラが言った。

「じゃあ退学処分の警告書のようなものでももらうのかな?」とアルヴァロが付け足した。「親父にコテンパンにやられちゃうんだろうな」

「どうかしら。結果は、あしたになるまでわからないわね」

マヌエルは憶測をめぐらすようなことはしなかったが、ユアンがどんな罰を受けることになるのかについてはやはり気になっていた。マヌエルの関心はとくに、ヴェレダ先生がどのような態度をとるかに向けられていた。処罰というものについては一度根本から考えてみる必要がある、と彼は思った。それでマヌエルは、家に着くとすぐにこのテーマについて語りはじめた。

「お母さん、子どもを罰するっていうのは正しいことだと思う?」

「場合によってはたぶん必要でしょうね。何かわるいことをしたなら」

「でも、罰を与えるっていうのは、その人に害を加えるっていうことだよね。誰かに対してよくないことをしたからという理由で、今度はその加害者に何かよくないことをやり返すっていうのは、ちょっと問題があるって思わない？」

「さあ、どうかしら、よくはわからないけど。何かばかなことをしてしまった子どもは当然罰せられるべきじゃないかしら？」

マヌエルは黙ってうなずいたが、完全に納得したわけではなかった。母親の言うことにはもっともな点もあるとは思う。それでもマヌエルは、処罰ということ自体に何か釈然としないものを感じないではいられなかった。そこでマヌエルは、父親が帰宅したときにもう一度この問題について話しはじめた。

「お父さん、子どもを罰するのはまちがっているとは思わない？　たとえその子が何かばかなことをしでかしたのだとしても」

「それは時と場合によるよ。何が気になっているんだ、マヌエル？　罰するっていうことは結局のところ一種のしかえしじゃないかって考えているのか？」

「うん、そうなんだ」

「罰することの意味を報復だととらえる人たちはいる。つまり、罰することで、悪事によって崩されたバランスを回復するんだ、という考えだ」

「でもそれだと、誰かに害を及ぼした人に対しては同じように害を与えることがいつでも許されることになるよね。害に害を重ねていくことが、なぜよいことだと言えるの？」

「まさにその点を問題視して、報復理論はまちがっているって批判する人も多い」とマヌエルの父親は答えた。「報復理論を批判する人たちにとって罰することの意味は、犯罪が行われてしまう前に、威嚇することでそれを未然に抑止するというところにだけある」

「威嚇して抑止する？　それはどういうこと？」

「罰せられるのがはじめからわかっているなら、罰せられるようなことをするのは差し控えるようになるはずだってことさ。この場合、処罰は報復という意味をもつのではなく、犯罪行為が繰り返されるのを防ぐという機能を果たす。つまり、人間に影響を与えて、真っ当に行動することを学ばせようというわけだ」

「でも、学ぶということが大切なら、当人と話し合いをして、行いの何がまちがいだったのかを説明してあげたほうがもっといいんじゃない？」

「もちろん、そうできればそれがいちばんだろうね。でも、言って聞かせるだけじゃうまくいかない場合が多い。おまえはそう思わないかい？」

マヌエルは肩をすくめた。ユアン、ヴェレダ先生、校長先生とのあいだで取り交わされたはずの会話をマヌエルは父親に伝えようと思った。

父親はマヌエルの考えがどこに向かっているのかを感じ取ったかのように、最後に次のようにだけ言った。

「こういう問題について一度、学校で先生たちと話してみたらいいかもしれないね」

翌朝、学校に向かう途中でマヌエルはユアンと出会った。

「やあ、ユアン。君に会えてよかった。君のことを心配していたんだ。きのう校長先生とはどうだった？」

「結局、なんとかなったよ。校長のアレナース先生から罰を科されたけど、それほどひどいもんじゃなかったんだ」

「それじゃあ、校長先生は親には電話しなかったの？」

「うん。助かったよ。校長先生はぼくに理解を示してくれたし、ぼくのためにたくさん時間をとってくれたんだ。最後に先生はこう言ってくれた。ぼくがこんなことをしたのははじめてだし、自分の過《あやま》ちを認めて後悔もしているんだから、今回のことについて学校が親御《おやご》さんを呼び出すようなことはしないって。とりあえずは、学校内で罰を一つ受ければいいことになった。もちろんこれから例の学年末の課題について科目担当の先生と話をしなくちゃいけないんだけどね。科目の先生がぼくに新しいチャンスを与えてくれるかどうかは、先生の決定にかかっている」

この事実を聞いて、マヌエルはとてもよろこんだ。それでヴェレダ先生の授業の終わりにマヌエルは先生にこう尋ねた。

「先生、罰することの意味は、どのような行動をとるのが正しいのかを人々に示すことにだけある、と考えていいでしょうか？」

「処罰は、きわめて重大なケースにかぎられるべきだと私は考えています」と先生は答えた。「多くの場合、教育にとって重要な課題は、正しい行動をとることができるよう若者に教えることにあります。しかも、正しい行動をとるということの言葉はとても広い意味で理解する必要があります」

「それはどういうことでしょうか？」とマヌエルは尋ねた。

「子どもの場合は特別で、人に害を与える行いを罰するだけじゃなく、その子自身にとって害になるような行いをしないように大人が配慮する必要もあるんです」

「それってちょっとへんじゃありませんか？」

「どうしてですか？　子どもはまだ、全体を見通してから自分の幸せを考えるということができないでしょう？　だからこそ子どもは親の保護を受けているし、また先生方に監督されているんです」

「じゃあ大人は、もう監督される必要がないんですか？」とグローリアが質問した。

「大人については、自分の幸せについては自分でなんとかできるものだというふうに前提されています」

「でも、実際にそうできなかったら、どうなるんですか?」

「自分をコントロールできないということが証明されたら、大人であっても子どものように扱われ、後見を受けることになります。精神病の患者さんに対してそういう措置をとることがありますが、これは患者さんから自己決定権を奪うことを目的にして悪用される場合もあります」

「でも、ふだんは自分をコントロールしているのに、ひどいことをする人はいますよね?」とマヌエルが言った。

「そのとおりです。それで、他人に害を加えたならば罰せられることになるのです」とヴェレダ先生は言った。

「罰するという手段を使う権限は、いったい誰がもっているんですか?」とセバスティアンが尋ねた。

「大人が犯罪に及んだとき、刑罰を下す権限をもつのは国家だけです。刑罰権の独占をもし国家が手放したなら、力ずくの自己防衛権とでもいうものが、あっという間に世の中に復活することになるでしょう。大人はもう成熟していて十分な責任能力がある、というふうに前提される必要があるのです。「成年」という表現にはそのことが示されています。つまり、自立して自分でものごとをよく考える能力がそなわった歳になったのだ、と想定されているわけです。自分の幸せを自分なりのやり方で手に入れようとしてよいという自由は、国家が公布したさまざまな法律を前にしての責任と結びついているんです」

「だから大人が他人に害を加えたならその大人は罰せられてよい、ということですね？」とグローリアが質問した。

「そうです」とヴェレダ先生は答えた。「自分を害するだけなら、国家はそれに口をさしはさむ権利をもちません。個人の権限に属することだからです。自分を害するかどうかはおのおのが自分で認識できる、と前提されているのです」

「いつも管理されてるなんて、ちょっと納得できないな」とアルヴァロが、授業後の休み時間にクラスメートたちに言った。

「誰だって我慢できないと思うよ」とマヌエルは言った。

「でも、もう管理されることがなくなったら、どうなるだろう？」とセバスティアンが尋ねた。

「そのときは、後見人が付けられることになるんじゃない？」とカミラが、からかうように言った。

「まじめに訊いているんだよ！」

「わかったわよ。別にあなたのことを言っているわけじゃないのよ」

「意地悪をする奴がいても、カッとならないようにしようっと」とアルヴァロが言った。

「でも頭にきちゃったら、そうはできないだろうな」

「そんなときはどうするの？」とカミラが尋ねた。「摑《つか》みかかって、顔を殴りつけるの？」

アルヴァロは、苛立《いらだ》ちを含んだ笑いを顔に浮かべながらうなずいた。グローリアはひとこと、「そんなことをしちゃいけないわ」と言った。

マヌエルもまったく同じ意見だったが、さらに議論を続ける気持ちにはなれなかった。話をしているうちに、罰するということにそもそも意味があるのかという疑問がふたたび頭をもたげてきたからだ。

「またイバラ先生のところへ話をしに行こうよ」と突然マヌエルが言った。

「なんでまた急に？」と、あっけにとられてセバスティアンは尋ねた。

「いったいどういうふうにして子どもは大人になれるのか、ぼくは訊いてみたいんだ」

昼休み時間にマヌエルは図書館に向かった。クラスメートのうちの数人がまたそれに同行した。イバラ先生は、仕事を脇によけてくれた。アルヴァロは、リラックスした感じで先生に挨拶した。

「イバラ先生、こんにちは。また問題を持ってきました。自分たちだけではお手上げです。ええと、訊きたいのは、子どもはいつ大人になるのかということです」

イバラ先生は、微笑まないではいられなかった。

「日付が替わるのと同じように子どもから大人へ切り替わるとでも考えているのかな？」

「ぼくたちが頭を悩ませているのは」とマヌエルは言った。「いつから人は責任を問われるようになるのか、つまり、罰を科されるのに十分な判断力をそなえているとみなされるようになるのか、ということなんです」

「君たちにもわかっていることだと思うが、それは徐々に少しずつ進んでいくプロセスなんだよ。十八歳になる前の若者は責任感をもたず、十八歳の誕生日に突然、晴れわたった大空から責任感がそそぎ込んでくる、なんて考えるとしたら、こんなばかげたことはない」

「でも、十八歳という年齢の規定は法律の本にもはっきりと書かれているじゃないですか」とカミラが反論した。

「それはたしかにそうだ。ある時点を取り決めておかないわけにはいかないからね。成年とは、法令集では、法を前にして完全な責任能力を有するということを意味している。

その歳《とし》になれば誰もが十分に自分を律することができて、したがって自分で自分の面倒を見ることができるようになっている、とこう想定されているからだ。こういう自己コントロールが一瞬にして出現するなどと思う人はおそらく誰もいない。十八歳を過ぎてからだって大人は、自分を律する能力をさらに発達させるための機会に何度も出会うことになる。この能力は、一生をかけて学び取っていかなければならないものだ。逆に、未成年だからといって、責任感がいっさい欠けているというわけではない」

「もうぼくたちも、自分がすることとぜんぶに対して責任がある、ということですか？」とセバスティアンが尋ねた。

「そのとおり」とイバラ先生は言った。「ただし、責任を負う能力ということについては、次の二つの種類を区別する必要がある。ある意味では、行ったことをその当人に帰属させられる成長段階にいたれば、人は誰もが責任能力をもっている。「行ったことを当人に帰属させられる」というのは、たとえば「これは君のせいだ」とか「君は別なふうに行動することだってできたはずだ」とか言えるということだ。この意味での責任能力は、幼い時期からすでにそなわっている」

「それなら、第二の種類の責任能力とはどのようなものなんでしょうか？」とカミラが質問した。

「それは、完全な責任能力と呼べるものだ。これは、法的な責任能力、つまり法律を前にしての責任能力だ。この場合には、自分の行為がもたらす利益と不利益とを自分で見積もることで自分をコントロールできることが前提となる。未成年の時期とくらべると、この段階は、当人にとってプラスの面とマイナスの面と両方ある。プラスの面とは、自主的に行動できるということ、つまりもうほかの人たちの指図を受けないで済むということだ。マイナスの面とは、言うまでもないことだが、場合によっては自分のしたことに対して法律を前にしての責任をもう負わなければならないということだ」

生徒たちは、考え込みながら話に耳を傾けていた。大人として生活することのよい面とわるい面とをあれこれ考えていたのだ。イバラ先生はさらに自分の考えを話しつづけた。

「ついさっき言ったように、この段階にいたるまでにはゆっくりとしたプロセスが必要なんだ。子どもの体の成長がゆっくり進むのと同じようにね。よいしつけや教育は、そういう責任を負うことのできる大人になれるよう若い人たちを手助けするためにある」

「でも、責任を負うことを子どもが学ぶうえで、罰は必要なんでしょうか？」とグローリアが質問した。

「罰するのは、いわば最後の手段だ。子どもの発達段階をもっと区別する必要がありそうだね。たとえば赤ちゃんは、いくつかある行為の可能性から一つを選び出すといったことはまだできない。また赤ちゃんは、第一の意味での責任もまだもっていない。したがって、罰によって働きかけようとしたって、それは無理というものだ。赤ちゃんは自分に対しても他人に対しても害を加えるようなことはしない。このことはよく頭に置いておく必要がある」

「私もそう思います」とグローリアが心から応じた。「でも、そのあとに続く成長段階ではどうなるんでしょうか？」

「そのあとの段階では、学ぶことができるようになり、また自分をコントロールするようにもなる。もちろん両方とも、まだ芽生えはじめたばかりだけれどもね。言葉を使う能力はまだ欠けている。学んだり自分をコントロールしたりすることが少しずつできるようになってきているのだから、軽く罰することによって、しちゃいけないことがあるんだってことを思い出させるのは、子どもにとって助けになる。そう言ってかまわないと思うよ」

「でも、幼い子どもに対しては、罰を差し控えるべきじゃないでしょうか？」

「それについては私にもはっきりしたことは言えない。だが、君の言ったように考える人たちがいるのは確かだ。その人たちは、どんな種類の罰もいっさい加えようとしない。なぜかというと、彼らによれば、罰が生み出すのは、辱めを受けたという思いだけだからだというんだね。この世界に危険はつきものなので、たとえば危険な遊びもあえて止めずに、大人が見守るなかで子どもに身をもって危なさをわからせたほうがよい、と彼らは考える。こういった主張にまで賛成するかどうか別にしても、厳罰や辱めや、心を傷つける嘲《あざけ》りなどは、どんな場合でも慎《つつし》まなければならない、というのはまったく彼らの言うとおりだ。そういうことはぜんぶ道徳的にまちがっているし、しかも、子どもに心の病いを引き起こしかねないからね」

「その次の成長段階って、どんなものですか？」とカミラが質問した。

「おたがいにちゃんと話ができるようになれば、子どもは、叱《しか》られるとはどういうことなのかも理解できるようになる」とイバラ先生は言った。「叱るだけで十分なら、なにも子どもを罰する必要はない。叱るよりもいいのは、どうしてその行動が咎《とが》められるのかについて理性的に説明することだ。その年齢になれば子どもは、いくつかの選択肢のなかから自分の行いを選び取れるし、また自分であれこれ考えられるようにもなっている。もちろん、選択にしても思考にしても、大人とくらべればまだ未熟ではあるけれどもね」

「その時期の子どもにまだ欠けているものって何なんでしょう？」とマヌエルが質問した。それまでマヌエルは、無言で会話に耳を傾けていた。「つまり、大人の段階にくらべてぼくたちにまだ欠けているのは何なんでしょうか？」

「私が思うには」とイバラ先生が答えた。「根本的な違いは、大人は本来であれば自分の感情をコントロールできるようになっていなければならない、というところにある」

この発言に生徒たちが反応する間もなく、ドアがノックされた。イバラ先生に急用が入ったため、先生との対話はここでいったん中断されることになった。生徒たちは図書館を出て、学校からの帰り道、イバラ先生が最後に語ったことについて議論を続けた。

「感情をコントロールするってどういうことなのか、ぼくにはまだよくわからない」とアルヴァロが言った。

「イバラ先生が言いたかったことは、君がさっき告白してたことと関係していると思うよ」とマヌエルが言った。「言い争っているときにカッとなってしまって自分をコントロールできなくなることがよくあるって言ってたよね」

そのときセバスティアンが口を開き、「怒りの感情はできるだけ抑え込むようにすべきだってことなのかな」と問いかけた。

「とんでもない」とマヌエルが言った。「怒りの感情をもたなかったなら、ぼくたちはとても無感動な人間になってしまう。それじゃ、なんでも人の言いなりになってしまって、自分の身を守ることさえできなくなるよ。だから、怒りの感情そのものに問題があるわけじゃない。問題なのは、その感情にまかせて人に摑みかかるようなことだと思う」

「いつもすぐに脅かされたり殴られたりするなんて、私も嫌だわ」とカミラが言った。

「だってそういう場面では、かならず誰かが被害を受けることになるんだもの。でもイバラ先生は、自制を欠くことが、私たち自身の幸せを左右してしまうような場合もあるってことを言ってたんだと思う」

「何が言いたいのかわからないわ」とグローリアが言った。

「たとえば、宿題をちゃんと済ませるのも、私たちにはけっこう難しいでしょ。だって外に出かけたり、友だちと電話したり、テレビを観たりするほうが楽しいから。だけど、宿題をするのは大切なことだし、結局は私たち自身のためになる。このことは認めないわけにはいかないわ」

「宿題をしないと親たちの機嫌がわるくなる理由も、そこにあるんだろうな」とセバスティアンが言った。

「そうね」とカミラが言った。「そういう態度を示すことで親たちは、私たちが自立できるように手助けをしたいと思っているのよ」

「だから宿題をさせるために親たちが子どもに罰を与えるのもためになる場合があるって言いたいのか?」とアルヴァロは訊き返した。

「罰するってことがよいことになるときもあるなんて、とても信じられない」とセバスティアンはアルヴァロに同調した。

「ぼくもそうは思えない」とマヌエルが言った。「ぼくは、罰するってことには何か胡散《うさん》臭《くさ》い点があるって前々から考えていた。だって、罰するって、一種の復讐か、そうじゃなきゃ相手に対する攻撃心のあらわれかのどっちかだと思うから。それに、たとえ罰が子どものためを思って下されるものだとしても、しかも、それがどんなに些細《ささい》な罰だったとしても、罰を受ける子どもはそれを両親からの抑え込みだって感じちゃうんじゃないかな。「抑え込み」って言葉は強すぎるかもしれないけど、少なくとも両親の権力を見せつけられたように感じるんじゃないかな。それに対してはどんな子どもも、怒りや、ときどきは憎しみで応えることになるって思わない?」

この問題を、カミラは家で両親に話してみた。

「罰することにいったいどういう意味があるのかな。どう思う?」

「それは、どんな種類の罰なのかにもよるわね。そう思わない?」と母親が言った。

「もちろん、どんなことをしたかにもよるよ」と父親が付け加えた。「特定のケースを思い浮かべてみるといいかもしれない。たとえば小さな子どもが花瓶を落としてしまったとしたら、次からはもっと気をつけるんだよ、と注意するだけで十分なことは確かだろう。こういうのを罰と呼ぶなら、罰の役目っていうのは、子どもが将来もっとよくふるまえるようにすることだということになる。そういう注意を与えるかわりに棒やベルトで打ち据えるようなことがあったら、罰は有害な結果をもたらすことになる。少なくとも、自分で考えて行動する力をはぐくむことにはならない」

「そのとおりね」とカミラは溜息《ためいき》まじりに言った。なぜなら、父親の話を聞いて、知り合いのいくつかのケースを思い出さないわけにはいかなかったからだ。子どもを罰することの意味は、子どもが自分で自分を支配できるようになるための道筋をつけるという点にのみある、と父親は話を続けた。

「だから、自分のふるまいのどこがわるかったのかを子どもが自分で見抜けることが大切なんだ。それができれば、子どもは将来、同じような状況に置かれたとき、自分がどうしたらよいのか自分で答えを見つけることができる」

「自分でどこがわるかったのかわかるなら罰なんか必要ないものね」とカミラは言った。

「そのとおりよ」と母親が言った。「考えてみて。あなたに罰を与える前に私たちがいつもどうしてるかを」

「でも、お母さんたちから罰を受けることなんてほとんどないじゃない」

「そうよ。私たちは先に、こういうことはしないほうがいいって、あなたに説明するわ。それでもあなたがそのことをしてしまったら、お説教することにしてるからね」

「お説教のあとにようやく罰が待ってるのね」と言いながらカミラは笑った。「実際にはまだ罰したことはないけれどもね。私たちはあなたにいくつかのことを禁止するわ。それで、もう十分。あなたならわかるでしょうけど、罰したりしなくても、ちゃんとやっていくことができるもの」

「罰するにしたって、そこには踏み越えてはならない限度というものがある」とカミラの父親が言った。「子どもだって一定の権利をもっている。子どもには弁明のチャンスを与えなければならないし、また、その子のふるまいがまちがっていたと言えるのはなぜか、その子が納得できるよう説明をしなくちゃならない」

「それは当然よ」とカミラは言った。

「でもね残念ながら、世の中はまったくそうじゃないんだよ」と父親は応じた。「親の多くは、子どもを罰するときに、何も説明しないし、それどころか子どもに対するこの非難はそもそも正当なものなんだろうかって自分に問いかけてみることさえしない場合が少なくない」

「どうして親はそんなふうにふるまってしまうの?」

「親たちは仕事で疲れきっちゃってることが多い。だから、ゆっくり休みたいと思ってる。教え諭《さと》したり説明したりするよりも罰してしまったほうが、とにかく手っ取り早いからね」

「最悪なのは、殴ったり蹴ったりする体罰ね」と母親が言った。「体罰はあっというまにサディスティックな虐待にいたってしまう。体罰を与えることで、ほかで溜め込んできた欲求不満を発散させる親たちもいる。そうして、無抵抗の子どもを狂ったように殴りつけてしまうのよ」

「でもいったいどうして、自分を抑えることがそんなに難しいの？」

「なぜなら人間はみんなそれぞれ、生きるうえで必要とされる以上の激しい気性を生まれつきもっているからよ」と母親は言った。「自分のなかのいろんな気性をそのときどきに自分で上手に調和させることが私たちには必要なの。どうしたらそうできるのかを、私たちはしつけや教育を受けて学び取っていかなくちゃならない。ついでに言うと、このプロセスは子どものときで終わるわけじゃないのよ。あなたにもこのことはわかるわよね。何か不利益をこうむりそうになると、大人たちがまるで子どもみたいにふるまってしまうのを見たことがあるでしょう？」

「結局のところ、自分を抑える能力はじつは、責任能力と同じものなんだ」と父親が言った。「つまり、責任を自覚している人間は自分の生き方を選べるってことだ。私の記憶に間違いがなければ、この能力こそ、自律って呼ばれているものだ」

「幼い子どもがまだ身につけていないのはこの自律だって考えているのね？」とカミラが尋ねた。

「身につけていたとしても、まだほんの小さなものにすぎない。なぜかといえば、幼い子どもは、未来ということをまだ十分には意識していないからね」

「どうして未来を意識することが重要なの？」

「有害だっていうことが将来かならず明らかになることでも、子どもたちはまだ、いま心地よいとそれをやめることができない」

「害を及ぼすもののかわりに、長い目で見ても心地よい状態が続く別のものを選ぶっていうことがまだできないってことよ」と母親が付け加えた。

「テレビを楽しむかわりに宿題をするっていうようなこと？」とカミラが尋ねた。

「なかなかいい例《たと》えだわね」と母親は微笑んだ。娘がテレビからなかなか離れられないことが多く、そのときの様子が目に浮かんだからだ。

「とにかく、子どもたちはたいていそのときどきの満足や興奮にとらわれすぎているわ。いまはよくても、あとで嫌な思いをすることになるんじゃないかって、子どもたちもうすうす気づいてはいるでしょうね。でも、そう意識しても、その意識はまだ十分な力をもってないから、その場で行動に影響を与えられない。だからこそ、子どもに対しては教師や親が監督する役目を負わなくちゃならないのよ」

「大人はちがうの?」とカミラが尋ねた。

「大人は危害から自分で自分の身を守れるって考えられているのよ。残念だけど、この能力がいつも発揮されているわけじゃないけどね。だから、大人の世界だって、自分を律する力は人によってぜんぜんちがうわ」

「成人でも誰かの監督の下に置かれたほうがいい人もいるってこと?」

「そうじゃないよ」と父親が言った。「民主主義の社会で広く受け入れられている考え方だと、成人を子どものように扱ってはいけないんだ。そんなことをしたら、人間というものを軽く見ることになる、つまり人間に払うべき敬意を払わないことになるからね。成人を罰する権限をもつのは国家だけだ。しかも、自分の好き勝手に人を罰するなんてことはぜったいに許されない。法律が前もって決めている枠内でしか罰を下すことはできないんだ。もう一つ言っておくと、すぐに罰を科されるなんてこともぜったいない。法廷で弁明の機会を与えられたあとでなければ、被告人に罰を下してはいけないんだ」

「子どもに対しては、罰をぜんぜん使わない教育をするべきよ。そうとしか思えない。だって、どんな罰も、結局は憎しみや反感を生み出すだけだもの」

「カミラの言うとおりかもしれないね」と父親は言った。

9　徳と自己決定

「イバラ先生！」とアルヴァロは大声で呼びながら、クラスメートの誰よりも先に図書館に駆け込んできた。「イバラ先生！　どうしても訊きたいことがあるんです。自分の感情をコントロールするって、いったいどういうことなんですか？」

「おそらく」とイバラ先生は言った。「その質問は、ちょっと角度を変えて考えたほうがよさそうだ。君たちは、いわゆる徳ということについてこれまで聞いたことがあるかね？」

「いいえ」と生徒たちは言って、不思議そうに顔を見合わせた。

「昔は徳について語るのはごくふつうのことだった。私たちのテーマにとっても徳ということが重要だと思っている。なぜなら自分をコントロールすること、つまり自己抑制は、勇気と節制という二つの徳から成り立っていると言えるからだ」

「その二つのものが自己抑制とどんな関係があるんですか？」とアルヴァロは尋ねた。

「この二つの徳は、感情を支配する能力に関係している。勇気のある人は、怖れとか苦痛とかの感情を抑制する能力をもっている。節制のほうは快の感情を抑制する。苦痛と快楽という感情が、抑制を必要としているってことはわかるだろう？」

「まだよくわかりません」とグローリアが言った。

「学校のことから一つ例を出してみるわね」とカミラが言った。「このクラスには、あんまり成績はよくないけど、いつでも頑張ってたくさん勉強してる人たちがいる。ほかにもやっぱり成績のわるい人はいるけど、それは必死で勉強しないせいでそうなっているの。自分の楽しみばっかり追い求めて、自由になる時間を遊んで過ごしているから成績が上がらない。そういう人たちは、自分の快の感情に対して節度ある態度をとることができないって言える。どう、わかった？」

「だいぶわかってきたわ」とグローリアが言った。

「いい例《たと》えだ」とイバラ先生が言い添えた。

「それって、ぼくにとってはいつものことだよ」とアルヴァロが思わず口にした。「ぼくはいつでも楽しいこと優先だから」

「自分を抑えるっていうのは、ほんとうに難しい」とイバラ先生は言った。「だからこそ教育の中心は、勇気と節制という二つの徳をはぐくむことに置かれている。いったん自己抑制の能力を獲得したら、子どもも自分の願望を引っ込められるようになる。ほかの人のためや、あるいは一般に法が要求するあれこれのためにね。これがつまり、法を前にしての責任を負うことができるということだ」

「そうなったら、子どもは大人として認められるんですね?」とマヌエルは尋ねた。

「そう、そのとおりだ。もちろん、自己抑制をはぐくむこのプロセスがそれで完了するというわけじゃないがね。それでも、大人は自己抑制の能力をもっていると、ともかく前提されている。知ってのとおり、この能力をいつでも用いている人というのは、残念ながらほとんどいないけれどもね」

「ところで、「徳」っていうこの古臭い表現は、いったいどんな意味をもっているんですか?」とセバスティアンが質問した。

「哲学で用いられるときには、徳という言葉で理解されているのは、行動するにあたって自分やほかの人の幸せを目指すような態度のことだ」とイバラ先生は説明した。

「ほかの人の幸せ?」

「そうだ。これは勇気や節制にはあてはまらないが、たとえば親切であること、公正であること、信頼するに足ることというような徳は、他者の幸せに関係しているんだ」

「いっぽうの徳を、つまり勇気や節制の徳をもっている人には、もういっぽうの徳、つまり親切であること、公正であることといった、他者の幸せに関係する徳も、かならずそなわっているんですか？」とセバスティアンは尋ねた。

「かならずしもそうじゃない。自己中心的《エゴイスト》な人間は、他者の幸せに関係する徳をもっていないわけだが、そんな人間でも勇気と節制なしでやっていくことはできないからね」

「それって、ぼくにはへんな感じがします」とマヌエルが言った。「自分を抑制できているのに、それでもほかの人間に害を及ぼすなんてことがありうるんですか？」

「もちろん、あるさ」とイバラ先生は答えた。「完全な責任能力と自己決定能力をもっていて、自分をしっかり保つこともできる人間が、それにもかかわらず犯罪者になるってことは、十分に可能なんだよ」

「そんなことがどうして可能なんですか？」とグローリアが尋ねた。

「あたりを見まわしてごらん。利己的な計画の実現を用意周到に進めている人たちがそこかしこにいる。彼らは、目的実現のためには非情なことでも平気でするんだ」

「そういう人たちがいるって、ぼくもたしかに思います」とマヌエルが低い声で言った。「ぼくがまだどうしても理解できないのは、自己決定ができて責任ということも自覚している人間が、どういうわけで道徳に反したことができるのかってことなんです」

「それを理解するのはそんなに難しくはないよ」とイバラ先生は言った。「その二つの側面は簡単に両立できる。理性的であり、自己決定ができ、責任に対する自覚もあるということと、道徳的でありたいと思うということとは、二つの別の事柄だからね。人が憤るのは当然だと自分が思うようなこと、つまり軽蔑に値すると自分が思うようなこと――そういうことをしないということが自分にとっては大切なんだ、と思えるようにならないと、道徳的な人間にはなれないんだよ。完全に理性的でありながら、それでも道徳に反したことをする人、つまり、それを知った第三者なら憤慨するのは当然であるようなやり方で行動する人がいても、別におかしくはないんだ」

「自己決定とか、自律とかっていう概念にもう一度話を戻したいんですが」とカミラが言った。「これまでの話のなかでこの概念が何度も使われてきたけど、それが何を意味しているのかまだよく理解できていないんです。責任能力っていうのと同じことなんですか?」

「かなり難しい質問だ。なんとか説明してみよう。でも、話をよく聞かなくちゃだめだよ。そうでないと理解できないからね。責任能力という概念についてこのあいだ二つの意味を区別したけれど、まだ憶《おぼ》えているかな?」

「はい、憶えています」とマヌエルが答えた。「一つは、自分がしたことの責任を負えるっていうことで、もう一つは、法を前にしての責任を負えるっていうことでした」

「たいへん結構！　ここに記憶力のいい人たちもいるってことが確認できたよ」

「そうかもしれませんが、ぼくはもうお手上げです」とアルヴァロが言った。「「自分がしたことの責任を負える」っていったい何でしたっけ？」

「心配しなくてもだいじょうぶだよ、アルヴァロ。もう一度説明するからね。責任能力ということの第一の意味が、「自分がしたことの責任を負える」ってことなんだ。私たちが誰かを、責任を負えるとみなすのは、その人に向かって「それは君のせいだ」とか「君はもっと別の行動をとることだってできたはずだ」とか言うことが理に適《かな》っているときだ。この意味で私たちはその行動をその人自身に帰属させて、行動の責任をその人に負わせることができる。責任能力のもう一つの意味を私は、法を前にしての責任ということに見ている。前にも言ったように、立法機関によって成年に達しているとみなされている、つまり法的な責任能力をそなえているとみなされている人は、自分を抑制する能力と、自分で自分の面倒をみる能力とを十分にそなえているということになっている。だからこういう人間は自由でもある。なぜなら他人の保護を受けるいわれがないからだ。そういう人間は自分の行動に対して法の前でみずから責任を負わなくてはならない」

「それで、責任能力と自己決定とはどんな関係にあるんですか？」とカミラが質問した。

「いまその話をしようと思っていたところだよ」とイバラ先生は言った。「自律ということにも二つの意味があるんだが、これは、今おさらいした責任能力の二つの意味とぴったり重なり合うわけじゃない」

「めんどくさそう」とアルヴァロがつぶやいた。

「よく聞くようにって、最初に言っておいたはずだぞ！　まあ、ちょっとは理解しやすくなるように、「自律」という言葉のもとの意味を確認することから始めてみよう。この言葉は、ギリシア語からの翻訳語なんだ。原語は〈アウトノミア〉で、「自分に法を与える」というような意味だ」

「それって、どういうことですか？」とカミラが質問した。

「自律という概念は、はじめは個人に対してではなく、住民の集団に対して用いられていたんだ。それは、自分たちの法律を、話し合いや投票をつうじてみずから自分たちに与えるような集団だ。それで、政治的自律という言葉もできたんだが、この言葉は、自分たちを自分たちで統治している民族を、他民族の支配下にある民族から区別するために用いられた。たとえばある国が別の国の植民地だったり、自己決定つまり自治が認められていないような民族が国内に存在したりするときは、「自律を欠いている」というような言い方を耳にすることになる」

「それは理解できるのですが」とカミラが言った。「個人について自律ということが言われるとき、いったいそれはどういう意味なんですか？」

「それは、自分が行動するにあたっての規則をその人は自分で自分に与えたっていうことを意味している。その意味についてはさらに二つのものを区別できる。第一の意味での自律は、幼い子どもでもすでにそなえている。幼い子どもだって、自己決定の主体でありたいという欲求はもっているからね。つまり、幼い子どもも、自分のすることは自分で決めたい、人の言いなりにはなりたくないって思っている。これは彼らの様子を見ていればわかることだ」

「たとえば、食事のときに人に食べさせてもらうのを嫌がるっていうようなことですね？　どんなにぼろぼろとこぼしてしまっても」とグローリアが尋ねた。

「そうだよ。もうちょっと大きくなると、あっちこっちの塀や木によじ登ろうとする。まだそれだけの力がないのにね。車がひんぱんに行き来しているのにもおかまいなく、道路をつっきってしまうし、ほとんど泳げもしないのに水のなかに飛び込んでしまう。こういう危険な行動はぜんぶ、人の言いなりにならないで自分で決めたいっていう願望、つまり自律した存在でありたいっていう願望からきている。幼い子どもだってもう、自分自身で決定したいって思っていて、他人が自分にかわって決めてしまうようなことは許せないんだね。自由でありたいと彼らは望んでいるんだ。これが、「自律」という言葉を民族ではなく個人に用いるときの一番目の意味となる。つまり、自由である、ほかの人間の言いなりにならないってことだ。ただ問題は、この願望がそう無造作に満たされてはならないというところにある。なぜなら、注意して見守っていないと、子どもが被害を受けることがあるからだ。子どもに責任をもつ人は、子どもにいくつかのことを禁止しないわけにはいかないんだよ」

「法律でいう監督義務ってものがあるのは、そのためなんですね？」

「そのとおりだよ。誰かが子どもに対する責任を引き受けなくちゃならない。子どもはまだ自分に対する責任を負えないからね。だから、この一番目の意味での自律は、「責任」という言葉の一番目の意味にさえまだ対応づけられないんだ」

「自律と責任との関係がやっぱりまだわかりません」とセバスティアンが言った。

「たしかに、そう単純な関係ではない。その点をもっと明確にするために、個人の自由についていくつかの段階を区別してみるのがよいかもしれない。前にちょっと触れたと思うけれど、意志の自由ということにも発達の段階があるんだよ」

「自由の段階って、どんなものなんですか？」とマヌエルが質問した。

「第一の段階は、いま話した意味での自律からなる。第二の段階は、自分がしたことの責任を負えるっていう意味での責任能力だとみていいだろう。子どもの場合は自己決定といっても、自分がしたいことをすることができるっていう状態を意味しているにすぎない。ものごとを慎重に考えてみることも、人の言うことに聞き従うことも、まだできない状態での自己決定だ」

「子どもは人の言うことに聞き従うことができないって、なぜなんですか?」とカミラが質問した。

「母親が二歳の子どもを連れて道を横断するときには、ふつう母親は子どもの手を握りしめている。子どもがちゃんと言うことを聞くかどうか、ぜんぜんわからないからね。その後、子どもがもうちょっと大きくなって、責任を負うというのがどういうことなのかを理解できるようになると、母親も手を放して、子どもと話をするようになる。母親はたとえば、「注意しなさい!」とか「前を見なさい!」とか「そんなに人にぶつかってばかりいちゃだめよ!」とか「おばちゃんにぶつかったのは、あなたのほうがわるいんですよ!」とか言うだろうね」

「まだよく憶えているなあ」とアルヴァロが言った。「ちっちゃい頃は、いつもそんなふうに母親から言われていた」

「ところで、それはおまえのせいなんだよって言って聞かせることに意味があるようになった時点で、私たちは子どもについても責任能力ということを口にしはじめる。つまり、子どもの行動を、まさに子どもがしたこととして子どもに帰属させ、あくまで本人の自由な決定にもとづく行動であるとみなすようになる。だから、もっと別な行動をとることだってできたじゃないかって子どもに向かって言えるようになる。自由の二つの段階ということについては、これで理解できたかい？　自分がしたいことをすることができる能力、ということだけを意味する場合の単純な自己決定と、自分がしたことの責任を負えるという意味での責任能力とを切り分けて考えるなら、自由について二つの段階を区別しなくちゃならないんだ」

「前よりは理解できるようになりました」とセバスティアンが言った。「でも、自由の段階は二つだけじゃないって先生は言ってましたよね。それに、自己決定と責任能力との関係もまだよくわかりません」

「たしかに、まだぜんぶを説明しおわったわけじゃないからね」とイバラ先生は言った。「自分がしたことの責任を負えるということの意味は、自分のしたいことをする能力をもっているっていうことだけじゃなくて、何かが自分にとって害になる、あるいは何かが道徳的にわるいとわかったらそれを思いとどまれるっていうこと、つまりそうした自己抑制の能力ももっているっていうことでもあるんだ。これは結局、その人がなんらかの行動規則にすでに従っているってことのあらわれなんだよ。人の言いなりになりたくないとは思っているけれど、まだ責任を問われる段階にはいたっていない幼い子どもに責任を負わせられないし、その子は自分がしたいことはもうするけれども、規則《ルール》に従うってことはまだできない。まして、自分が自分に与えた規則に従うなんてぜったいに無理だ。両親がたとえば、「約束したんだから、ちゃんと守らなくちゃだめだよ！」などとまずは言って聞かせる必要がある。そのとき子どもは、その規則を守ることも守らないこともできる。黄金律について話したことをまだ憶えているかな？　誰もが承認するような規則をおたがいに課し合うことが、黄金律によって可能になる。さてこれが、二番目の意味での自己決定だ。この第二の意味は、自己決定という概念が由来する言葉のもともとの意味とも一致する。つまり、自分が自分に与えた規則に従って生きるっていう意味だ」

「それじゃ、これが完全な責任能力でもあるわけですね？　この完全な自己決定ということが」とマヌエルが質問した。

「いや、第二の意味でのこの自己決定、つまり本来の自律は、法の前での責任能力と私が呼んだものをもう超え出ている。法の前での責任能力という意味での自立性は、あくまで形式にかかわることなので、成人が実際に自分を支配しているということまではまだ意味していない。自分を支配する能力をもっているということが前提されているだけなんだ。まあまわりをちょっと見渡してごらん。大人の世界は子どもよりもましかっていうと、そうでもないことが多い。違いはただ、大人になると、自分を支配できない場合、面倒をみてくれるのは警察と裁判所だけだってことさ」

「こう理解していいですか？」とマヌエルが尋ねた。「自分を抑制する能力をもっているってことと、実際に自分を抑制できているってことを先生は区別しようとしているんだって。自分を抑制する能力を現に発揮できてはじめて、その大人は完全な意味での自律を達成していると言えるんですね。そういう人は、他人の言いなりにならないっていうだけじゃなくて、自分自身の主人でもある。そういうことですか？」

「そのとおりだ！」

「言ってることが複雑すぎてわけがわかんない」とアルヴァロが言った。「このままじゃ、もう話についていけないよ。頼むから、誰かもう一度、もっとわかりやすく説明してくれない？」

「そんなに難しい話じゃないよ」とマヌエルが言った。「イバラ先生はぼくたちに自由の四つの段階を示してくれたんだよ。ぼくがわかった範囲で、その四つを並べてみるね。まず、第一の意味での自己決定。これは、人の言いなりにならないってこと。二番目は、自分のしたこととの責任を負えるっていう意味での責任能力。これは、規則に従って行動する能力のことだ。三番目は、法を前にしての完全な責任能力で、これは、完全な自律へと向かう能力を伴なっている。そして四番目は、完全な自律そのもの。ここまでくれば君は自分自身の主人であるし、自己抑制といわれているものをすでに実行している」

「ちょっと待って。自分一人でうまく整理できるかどうか、確認させてほしい」とセバスティアンが言った。「ええと、次の四つの段階があるってことだよね。

一　自分のしたいことをする——第一の意味での自律
二　自分のしたことの責任を負うことができるという責任能力
三　法を前にしての責任能力
四　自己抑制——どのように生きようと思うかを自分で決めるという意味での自律

イバラ先生、これでまちがいないですか？」

「素晴らしい要約だ、セバスティアン！　「自律」の二つの意味を理解するうえで役に立つことをちょっと補っておこう。自律の第一の意味の場合、自分は何をしたいのかと考えることでその当人は、他人とはちがう自分というものを意識するようになる。つまり、自分のしたいことをしようとするってことだ。ただし、自分で自分に規則を与えるという事態があらわれてくるのは、自律の第二の意味にいたってからだ。自律についてのこの二つの意味のあいだに、責任ということの二つの段階がはさまる形になる。この二つの段階では、人はまだ自分で自分に規則を与えてはいないが、規則に従えるようにはすでになっているんだ」

「ぼくがまだ理解できていないのは」とマヌエルが言った。「黄金律と関係することについてです。もしも黄金律の命じている道徳にふさわしくふるまっている人だけが完全に自律的であるとするなら、それは、先生がさっき言ったことと矛盾するんじゃないでしょうか？　自分を完全に抑制できている人が、それでも同時に、道徳に反した行動をとることがあるって、先生は言いましたよね」

「さっきは、完全な自律のたんなる一例として黄金律を引き合いに出したにすぎない。道徳的な自律にふさわしく行動する人は、第一に、自分で自分に与えた規則に従って生きるわけだが、それにとどまらないで――第二に――まさに次のような規則に従って生きる。つまり、その規則をほかのすべての人がみずからに与えることを自分が望むような、そういう規則に従って生きる。けれども、自律ということだけなら、自分を支配して、自分だけの規則とでも呼べそうな規則に従って生きている人も、自律的な人ではある。みんなも知っているように、自分を徹底的に支配できていて、その意味で自律的である人間が、それにもかかわらず情け容赦のない自己中心的《エゴイスト》な人間だってこともありうるんだ。歴史に名を残しているような極めつきの犯罪者は、たいへんな意志力をそなえた人間であり、だからこそ自分を完全に支配することができたわけだけど、目的のためには手段を選ばずに犯罪におよんだんだからね。そんなわけで、道徳を第五の段階に位置づけようと思う人も出てくるかもしれない。でも、それは正しいとは言えない。なぜなら、いま説明したことは、自由のいっそう高い段階のことではなくて、第四段階の特定の完成形態にすぎないからだ」

マヌエルは、食い入るように先生の話に耳を傾けていた。「イバラ先生、ぼくがまだどうしてもわからないのは」とそのマヌエルが言った。「どうして道徳が、四つの段階のいちばん最後にくるのか（それが、独立した第五段階をなすのかどうかは別にして）ってことです。道徳が法の前での責任能力を前提とするなら、道徳的でありうるのは大人だけだってことになってしまうと思います。でも、それっておかしくはないですか？」

「よくそこまで考えたね」とイバラ先生は言った。「理解が深まるように、二つのことを言っておこう。第一に、法の前での責任能力ということをあまり外面的に受け取らないようにしてもらいたい。前にも言ったけれど、十八歳という年齢規定は、必要にせまられて便宜的に取り決めただけのものだ。言うまでもないが、精神面では十四歳でもう大人として成熟している人間だっている。大人として成熟している、とは、どんな人間でありたいと思うかについて自分で決定する能力をもっているってことだ。つまり、そういう人間は、どんな規則に従って自分の人生を秩序づけていこうとするのかについて自分で決定する能力をもっているんだ。だからこそ、こういう「完全な意味での」責任能力、つまり第三段階は、実際に第四段階のための、つまり自律のための前提となっているんだよ。さて理解を深めるための二番目の話に移ることにしよう。たしかに子どもだってもう道徳的に行動できる。しかも、その行動は、何か権威あるものに従うといった権威主義的な道徳に由来するものにかぎられるわけではなくて、自律的な道徳に適った行動だってとることができる。以前の会話で道徳のこの二つの形態を区別したことは憶えているだろうね。それでも子どもについては、自律的に生きているって言うことはまだできないんだ。子どもは個々の行いを自律的な規則のもとに置くことはできるけれど、自分を一つの全体としてとらえて、自律的な規則のもとに置くことはまだできないからだ。人生において道徳をどの程度重視するかという問いは、完全な意味での責任能力をそなえた人でないと立てることができない。子どもだって、道徳的に行動したり自己中心的に行動したりすることはできるが、自分を道徳的な人間だと理解するのかそれとも自己中心的《エゴイスト》な人間だと理解するのかということ、そして、どの程度までそうだと理解するのかは、心理学的にみて大人である人にしか明らかにはならないんだ」

みんな考え込んでしまい、沈黙が生まれた。その静けさを破ってグローリアが質問した。

「イバラ先生、自己中心的な人間《エゴイスト》でも幸福になれるって思いますか？」

「その問題は簡単には論じ尽くせないな、グローリア。別の日にあらためて取り扱うことにしよう」

10　人生の意味

　カミラやマヌエルたちは家路についた。学校を下ったところにある少し開けたところまで出ると、彼らはいつものようにコンビニに寄り道して、雑誌の最新号をめくった。映画スターたちは相変わらず、たっぷりと話のタネを提供してくれている。しかしある新聞のどぎつい見出しはもっと彼らの興味を掻き立てた。そこには「奇妙な自殺」という大見出しのもとに、友人どうしの二人の女性がいっしょに谷底へ身を投げたと報じられていた。遺書が残されており、そのなかで二人は、この自殺は誰のせいでもないと強調していたのだ。しかも彼女たちは、病院に運び込まれた場合を想定して、延命治療はぜったいせずに死んでゆくままにしてほしいと要求していた。強く死を望んでいるけれども、二人がそろってとったこの行動の動機については遺書には何の手がかりもなかったのである。

　生徒五人はみんなこのニュースに大きな衝撃を受けた。だから、このショッキングなニュースについて仲間とすぐに話し合えるのはありがたかった。

「ショック！」とカミラが叫んだ。「なんでこんなことになっちゃったの？」

「私も理解できない」とグローリアが言った。「なにか思いどおりにならないことがあるからって、すぐに自殺できるものなの？」

「どんな事情があったのか私もわからないけど」とカミラが答えた。「でも、なにか二人で実現したい目標があったのかもしれないね。それが無理だとわかったとき、生きつづけるのはもう意味がないって二人は考えたんじゃないかな」

「自分たちにとって生きることはもう何の意味ももたなくなった、と考えたからこの二人は自殺したんだって思うのかい？」とマヌエルは質問した。

「うん、そう思う」

「むしろその逆で、もし死ぬのと同時に人生が完全に終わってしまうものなんだとしたら、人生なんてなんの意味もないって私は思うなあ」とグローリアが言った。

「どうしてそう思うの？」とカミラが尋ねた。

「だって、望んでいることを今の一生でぜんぶ叶えるなんてぜったいできないでしょ？だから、望みは死んだ後にやっと叶えられるのよ」

「自殺する人は、もっといい人生を手に入れるために自分の命を絶つんだって思うのかい？」とセバスティアンが質問した。「そんなのばかげてるよ。そうじゃなくて、そういう人は自分にとって意味のなくなった人生から逃れるために自殺をするんだとぼくは思う」

「もっといい人生のためっていうんじゃなくて、グローリアはきっとこう言いたかっただけなんじゃないかな。意味のある人生というものがあるとしたら、それはただ一つ、永遠の生だけなんだって。そうでしょ？　グローリア」とカミラが言った。

「もちろんよ。この世の生に意味を与えられのは、死んだ後もつづく生だけ。この世に溢《あふ》れている苦しみのことを考えてみてよ。たとえば重い病気にかかっている人たちのことを。そういう人たちはどうすれば自分たちの苦しみに意味を与えられるの？」

カミラは自分の伯父さんについての話を思い出さざるをえなかった。終身刑に服しているような人間は、どのようにして自分の人生に耐えていけるのだろうか？

「だけど、そう思う人ばかりじゃないよ」とアルヴァロが言った。「この世に生きているあいだが唯一の生だって言う人も多い。できるだけしたいことをして過ごすのがいいんだって」

「あなたのように考える人がたくさんいることは知っているわ、アルヴァロ」とグローリアが言った。「でも、正直言って、私にはそんな考え方で幸せになれるとは思えないの」

「ぼくは、人生はあまりにも短いものだって思う」と、考え込みながらセバスティアンが言った。「それに、死にひきさらわれてしまう可能性はいつだってある。だったら、いまを楽しむっていう考えには一理ある。死んだあとでまだ何かが待っているのかどうかなんて、まるっきりわからないんだから」

友だちのさまざまな意見をどう判断したらよいのか、カミラにはよくわからなかった。この人生の意味を、この人生そのもののなかに見つけることはできるのだろうか？

「お母さん、生きていることに意味はあると思う？」とカミラは、家に戻ると尋ねた。

「それは思うわよ」と母親は答えた。「そういうことについてはまだちゃんと考えてみたことはないけどね。私にとってはけっこう単純な話よ。あなたのお父さんが夫としていて、あなたという娘がいる――。それで私にはもう十分。二人といっしょにいられて私は幸せだし、満足しているわ。だから私は、意味のある人生を送っているって感じることができるのよ」

「でも、「意味のある」って言葉はお母さんにとっていったいどんなことを意味しているの？」

「それをあなたにうまく説明することは私にはできないわ。あなたたちがいつも学校で先生の質問に答えるようにはね。でも少なくともこれだけは私にもわかるわ。幸せな人たちは自分の人生を意味のあるものだと思っているし、不幸な人たちはたいてい人生に意味を認めていないっていうことよ」

「「幸せな」って言ったけど、それはどういう意味？　快適に生活するってこと？」

そのとき父親が、「いや、じつはそうじゃないんだよ。そう考えてしまうと、肝心なポイントを外してしまうことになる」と口を開いた。「快適に生活するっていうのは、感覚にとって心地よいことを楽しむってことだ。そして、楽しむっていうのはなにか一瞬のことだけど、幸せだって感じるのは、人生全体にかかわる感情なんだ」

「どういう区別なのかよくわかんない」

「楽しいっていう思いはけっしてそう長くは続かない。うんざりしてしまうときがかならずくる。たとえば、ゲームやダンス、水泳とかをしているときもそうだ。楽しい思いはたしかに幸せを生み出す原因の一部になることはあるけど、だからといって楽しい思いをすればそれで幸せが実現されるかというと、そういうわけじゃない」

「いったいどうして？」

「いま言ったように、楽しい思いにはいつかあきあきしてしまうものだからさ。それは、じきに退屈なものになりはじめる。もし仮に私たちの人生が、楽しい瞬間と、それを途切れさせる退屈とだけで成り立っているとしたら、その人生がどんなものになるか、おまえも想像がつくだろう？」

「退屈」という言葉を耳にしたとき、カミラはまた、終身刑に服した伯父のことを考えざるをえなかった。けれども彼女はそのことには触れずに、こう言うだけにしておいた。

「どんな楽しい思いも、長く続けば退屈になっちゃうもんね」

「そのとおり。私もそう思うんだよ」

「でも、それなのにどうして、できるだけ楽しく生きることばかり求めて、しかもそれを人生の意味だって考えている人が多いの？」

「多くの人にとっては、楽しい思いをすることだけが大切なのよ」と母親が言った。「それ以外に生きる目的なんかないって考えている人がたくさんいるんだから」

「そうだね」と父親もうなずいた。「人々が楽しみを追い求めるのは、意味のない人生が引き寄せる退屈や虚《むな》しさをごまかすためなんだよ、たいていはね。そのうち目先の退屈しのぎに魅力がなくなってしまうと、アルコールとか麻薬にまで手を出す人もいる。浮わついた生活をするようになる人もいて、性的なことにスリルを求めることもあるけど、相手とのしっかりした関係は望まない。たしかにそういうことの多くは楽しいかもしれないが、そうやって生きている人たちが幸せだとは私には思えないんだ」

「ほらね、カミラ」と母親が付け加えた。「あなたに人生の意味を尋ねられても、私にはよくわからないけど、一つのことだけはいつだってはっきり言えるのよ。それは、心から愛し合う二人が、自分たちの人生には意味があるんだって感じることのなかに幸せがあるっていうこと。そしてそう感じられるためには、いまこの時だけじゃなく、一生をつうじてずっと二人は寄り添い合って生活していくんだって思えることが必要なのよ。だから、家庭を築きたいとも思う。なぜなら二人は、将来のことまで考えながら共同生活をしようとしているんだから」

カミラには母親の言おうとすることがよくわかった。けれども、カミラにはまだ気にかかることがあった。人生の意味は生きていること自体のうちにあるというのなら、世の中にはなぜ不幸な人がこれほど多いのか？　不幸な人——つまり、貧困にあえいでいるわけでもなく、刑務所にとらわれているわけでもないのに、自分は不幸であると感じている人が。もう一度イバラ先生のところへ行ってみよう、とカミラは心に決めた。翌日の午前中にそのチャンスがあったので、いつもの四人と連れだってカミラはまた図書館に向かった。

「ほんとうはね」とイバラ先生は、カミラがかかえている疑問に耳を傾けてから話しはじめた。「人生それ自体は、意味をもたないんだ。というより、人生それ自体は、意味があるわけでも意味がないわけでもないんだ。人生に意味があるとしたら、それは、人生に意味を与えようとする私たち自身の努力にかかっている。運に左右される面があることは確かだとしてもね」

「幸か不幸かは偶然によるってことですか？」とカミラは尋ねた。

「そう、そのとおり。多くの人が不幸な境遇に生まれてこなければならない。あるいは、生まれつき重い病気や障害を背負っている人もいるし、いま現在、戦争や大きな自然災害に見舞われている人たちもいる。そういう事実を私たちは忘れてはならない。そういう人たちが有意義な人生を送れる見込みは、ほかの人たちよりも薄い。これは確かだ」

カミラは何も言わなかったが、注意深く話を聞いていた。

「ただ、そうだとしても私たちの人生の意味は、ほとんど私たち自身にかかっているんだ。それは、自分を取り巻く環境だけによって決まってしまうようなものではない」

「私たち自身にかかっているってどうして言えるんですか？」とマヌエルが質問した。

「なぜなら、人生は、私たちがほかの人たちのために多くのことをすればするほど、また、日々の生活のなかで創造的で建設的なことを多くすればするほど、それだけ意味深いものになるからだ」

「それって、たとえば橋を架けたり医者になったりするようなことを指しているんですか？」とグローリアが尋ねた。

「そうだよ。あるいはもっと単純なことでもいいんだ。お話を語って聞かせるとか、絵を描くとか、友だちを助けるとか、家庭を築くとか」

「でも、イバラ先生」とセバスティアンが口を挟んだ。「そういうことをしようとしてうまくいかなかった人たちはどうなるんですか？　その場合は彼らの人生にはもうぜんぜん意味がないってことになるんですか？」

「それに答えるのは簡単なことじゃない。まず、君が言うように、私たちの企てがうまくいかないことは多い。人生にリスクはつきものだ。それでも私たちは、大切だと思えることであれば、たいていリスクを冒してでもそれをしようとする。そういう努力とは無縁な人生は、まるっきり緊張感に欠けていて虚しいものになってしまうだろう。君もそう思わないか？」

セバスティアンはすぐには答えず、ちょっと考え込んでから、逆に問いかけた。

「達成できるかどうかぜんぜんわからないようなことに取り組むなんて、ほんとうに意味があるんですか？」

「ぼくはあると思うよ」とマヌエルが言った。「だいいち、ぼくたちがしようと思うことの大半は、うまくいかないことばかりなんじゃないかな。たとえば、偉大なスポーツ選手になる、とかね。でも、頑張ってみてもしょうがないこともたしかにある。ぼくが知りたいのは、追求する価値のある目的とそうじゃない目的とはどうやって区別したらいいか、っていうことなんだ」

「やりがいのあることは、人生にたくさんある」とイバラ先生は言った。「とりあえず君たちに大好きなことを言ってもらうのが、いちばんいいだろう」

「私はギターを弾くのがなによりも好きです」とグローリアが言った。

「ぼくはテレビゲームだな」とアルヴァロが言った。

「そういうことではあまり充実感が得られないような気がする」とマヌエルが言った。

「なんで？」とアルヴァロが尋ねた。

「同じことの繰り返しだから、そのうち退屈しちゃうからさ」

「退屈したら、新しいゲームをやればいいだろ？」と、アルヴァロもそう簡単には引きさがらなかった。

「ギターを弾くのは、テレビゲームをするのとはぜんぜんちがうと思うわ」とグローリアが口をはさんだ。「ギターは練習すればするだけ演奏がうまくなるのよ」

「たしかにそうよね」とカミラが言った。「やっただけうまくなっていくし、うまく弾けばほかの人たちもよろこぶわ」

「ギターを弾くのが『充実感を伴う』活動だっていうことはまちがいない。ギターを弾くのは、それが楽しいからだけれど、それだけじゃない。上手に演奏できるようになろうっていう目標を追求できるし、それと同時に、ほかの人たちにもギターの演奏を聴くよろこびを分け与えようっていう目標を追求することができる。うまくいかないかもしれないけれど、少なくとも、やってみる価値はあるだろうね」

「はいはい、すごーく意見が一致して素晴らしいですね」とアルヴァロが皮肉っぽく言った。「でもゲームと何がちがうのか、ぼくにはまだわかんないよ。だってテレビゲームも、やるだけ上達するし、友だちといっしょに楽しむことだってできるじゃないか」

「でも、テレビゲームは、結局ただの娯楽にすぎないよ」とマヌエルが言った。「友だちといっしょに遊んだって、ゲームのスリルは、その場限りのものだ。君の生活のほかの部分とは何の関係もないからね。ギターの演奏の場合はゲームとちがって、自分の感情を表現できるし、ほかの人の感情だって表現できることもある。だからそれは、自分のためだけの娯楽っていう枠を超え出ているんだ」

「そうよね。ギターを弾くのは、どこかで芸術的な活動につながっているのよ」とカミラが言った。「自分からそれに取り組んで、自分自身の表現を追い求めて、そのうえほかの人たちをよろこばせることができるんだから」

「君の言うとおりだ」とイバラ先生は言った。「芸術活動は私たちの人生に意味を与えることができる」

「先生は、何か目的に結びついていないことには意味がないって考えてるんですか?」とカミラが尋ねた。

「うーん、どうだろうね」とイバラ先生は言った。「目的の追求とはまったく無縁だけど、それでもよい人生だ、というようなことがありうるとはどうも考えづらいんだ。でも、セバスティアンが言ったように、目的の追求ということには、つねに挫折の可能性がつきまとう。また、目的が実現されたらそのあとはどうなるのか、という問題もある。目的を実現してしまったら人生は虚しさに覆われてしまうことになるんだろうか?」

「そのときには人生がまた無意味なものになってしまうだろうって考えているんですか?」とセバスティアンが質問した。

「そこが私は気になるんだ。たとえばいま君たちはみんな、順調に卒業資格を得ることを目標にしている。でも、それを成し遂げたら、君たちはどうするのかな?」

「そのときはまた別の目標を設定することになるんだろうと思います」とグローリアが言った。「たとえば何人かは大学の卒業資格を得ようと頑張るでしょうね」

「それじゃ、大学卒業資格を手に入れたら、次は何をする?」とセバスティアンが質問した。

グローリアはちょっと驚いて、そのまま黙ってしまった。

「セバスティアンはこう言いたいんだよ」とマヌエルが口を開いた。「どんな目標もいつだってぼくたちの人生の一部分にすぎない。その点では楽しい思いと同じで、ちがうところは、楽しい思いほどはあっけなく移り変わってしまうようなものではないということだけだってね」

「それだったら、努力する価値があるのは人生をできるだけ楽しく過ごすことだけだってことに、結局なるじゃないか！」とアルヴァロが叫んだ。

「人生は、バラバラな断片の寄せ集めではなくて、連続性をもつ一つのプロセスなんだ。ここに問題の核心がある。私たちの人生は未来に向かって開かれている。その未来は、いずれ死によって終わりを迎えるにしても。だから、人生に意味を与えられる事柄はすべて、未来に関係づけられているんだ」

「結局、人は目標を立てないわけにはいかないってことになりませんか？」とカミラが質問した。

「ある意味ではたしかにそうだ。しかし、目標を達成できるかどうかぜんぜんわからない場合でも、私たちはいろいろなことをする。そうしてみると、私たちの行為に意味を与えているのは目標の実現じゃない。大切なのは、むしろ生き方なんだ」

「生き方？」とマヌエルは驚いた様子で質問した。

「未来に影響を及ぼすようなことや、ほかの人たちから評価されるようなことをすれば、私たちは充足感をおぼえる。だからこそ、そういうことを私たちはするんだ。つまりそういう事柄は、現在を超えていて、また、私たち自身をも超えている。君たちもこのアラビアの格言は知っているかもしれないね。「一本の木を植えることができ、一人の息子をもつことができ、そして一冊の本を書くことができたら、男は自分の人生を充実したものとみなすことができる」という言葉だ。それにひきかえ、個々のあれこれの目標は、人生にとって幕間《まくあい》、つまり暫定的な中間地点のようなものだ」

一瞬の沈黙のあとでセバスティアンが尋ねた。

「まわりの人から評価されることが、どうしてそんなに重要なんですか？　自分にとってだけ意味のあることを実現するっていうようなことはありえないんですか？」

「ありえないと思うわ」とグローリアが言った。「だって、まわりの人のためにも何かをしたいという気持ちは誰にだってあるでしょ？」

「ぼくもそう思うよ」とそっけない口調でアルヴァロが同意した。「一人でゲームしたってつまらないし」

「でも、一人でゲームするほうが好きな人だっているかもしれない」とセバスティアンが言った。

「私たちは根本において社会的な存在だ」とイバラ先生が言った。「私たちに充足感を与える活動は、創造的なもののほかにはない。創造的な活動とは、人生をいっそう興味深いものにしてくれるような活動のことをいうんだ。だから、そういう活動はいつでも、ほかの人々に対する呼びかけを含んでいる。たとえば、麻薬中毒者に対して人は、どうすれば何か創造的なことができるのかを教えようとする。創造的なことというのは、絵を描く、音楽を奏でる、何か興味のあることを学ぶ、スポーツをする、といったことだ。麻薬中毒者に対してそういう試みをするのには、理由がある。これらの活動はすべて、ほかの人間との結びつきを生み出すものだからね」

「自分自身にとって意義のあることとしかしないなら、満ち足りた気持ちにはなれないってことですか?」とマヌエルが質問した。

「ほんとうに本人にしか意味がないことなのかどうかを見極めるのは、難しいことだ。たとえば、自分の楽しみだけのためにパソコンでゲームをするということはあるだろうね。でもそういう類《たぐい》のことではなく、たとえ一人ですることでも、最終的には多くの人にとって有意義なものとなる活動もある」

「でも、行いのそういう二つのタイプは、どのようにして区別できるんですか?」とマヌエルが尋ねた。

「ひとことで言えば、未来と関係しているかどうかによるだろう。やっていることが未来との関係を欠いているならば、その行為が充足をもたらすことはない。その場合には、その場限りの楽しい思いが得られるだけだ」

「そういうのは、不道徳なことでもあるわ」とグローリアが大きな声で言った。

「どうしてそんなことが言えるんだ？」とセバスティアンが尋ねた。

「だって楽しい思いだけを求めるのは、すごく自己中心的なことだからよ！」

「ほかの三人はどう思う？」とイバラ先生が問いかけた。

「それがほんとうに不道徳なことかどうかは、私にははっきりとはわからないけど」とカミラが答えた。「それでも、楽しい思いだけを求めるような人生が幸せなものじゃないっていうのはまちがいないと思う」

「何かが不道徳であるというなら、それは黄金律に反しているはずだ」とマヌエルが言った。

「つまり、どういうこと？」とアルヴァロが尋ねた。

「自分だけの楽しみを求めることが不道徳だって言えるためには、ぼくたちがどのように自分の人生を送るべきかということについて、何か普遍的な規則がなければならないはずだっていう意味だよ。でも、そんな規則が存在するとは思えない」

「どうして？」とグローリアが尋ねた。

「なぜなら人生に意味を与えるものは、人によってそれぞれちがうかもしれないからさ。結婚したいと願う人もいれば、むしろ独身でいたいと思う人もいる。チームを組んで働くのが好きな人もいれば、一匹狼の人もいる。何が人生に意味を与えるかは、人それぞれの性格しだいだと思うんだ」

「マヌエルの言うとおりだ」とイバラ先生は同意した。「そこから結論できるのは、人がどのように自分の人生を送るかは道徳の問題ではない、ということだ」

「でも、自分の人生に意味を与えることがまったくできなかった人は、自分の人生をどう考えたらいいんでしょうか？」とセバスティアンが質問した。

「そういう人たちは、自分の人生は虚しいって感じるんだと思う」とマヌエルが言った。

「そうすると彼らは、楽しい思いのできることに逃げ込むんだ」

「でも、世の中を恨んで、絶望のあまり自殺してしまうってことだってあるわ」とカミラが付け加えた。

「それこそ、私が不道徳だって思うことなの」とグローリアが言った。

「もし自分の人生に意味を与えたいって望むなら、自己中心的にならないように努力する必要があるって私は思う。実際に、自分の人生をまわりの人間に捧げたマザー・テレサや、公正を求めて力を尽くしたマーティン・ルーサー・キングみたいな、お手本になる人がいるじゃない」

「そのように行為することも人間には可能だし、まちがいなくそうしたことは模範的でもある」とイバラ先生は言った。「ただし、そのように行為しようとしない人間を非難するようなことがあってはならない。聖人になろうとしないからといって、それが不道徳であるわけではない」

「どういうことか、よくわかりません」とグローリアが言った。

「道徳的な規範というのは、人が踏み越えてはならない境界線を定めているものだ。そして、自分の人生の意味は、それぞれの人がその境界線の内側で見出していかなければならない。聖人の人生は、私たちに義務として課された生き方のモデルというわけじゃないんだ。つまり、私たち全員が真似しなければならない生き方のモデルというわけじゃないんだ」

「人生の意味と道徳とはまったく無関係、ってことですか？」

「そこまで言うつもりはない。たしかに、両者のあいだにはある種の相互作用がある。そのことを見て取るには、まちがったことをしでかす場合を例にとってみるとよいだろう。人を騙したり陥れたりすることや、人から奪ったり人を殺したりすることでしか実現できない目的を追求するなら、いずれ罪悪感が芽生え、それに一生つきまとわれることになる。そうなると自分の人生を意味あるものと感じるのは難しいだろう。少なくとも、その人間がまったくの恥知らずではないとするならばね」

「でも、自分の人生に意味を見つけ出せない人が、死後の世界が自分に人生の意味を与えてくれるだろうって考えることはあるんじゃないでしょうか？」とグローリアが尋ねた。

「それは、ありうる。しかし、そうすることでその人は、この人生そのものに意味を与えることを避けようとしているだけなんじゃないか、って疑ってみることもできるだろうね。この回避的な態度から、死後のもう一つの人生への暗示を読みとる人たちも少なくない。生きていて私たちが折々に不安を感じるということは、彼らによれば、自分たちのこの人生が不完全なものであることを示している。不完全だということに気づけるのは、私たちが生まれながらにして死後の人生をも含んだ完全な人生について何か知っているからなんだ、と彼らは言う。でも、まったく別なふうに考えることもできる。つまり、私たちが死を怖れるという事実が示しているのは、私たちには一つの人生しかないということであり、大切なのはこの人生そのものであるということなんだ、というふうにね」

訳者解説

鈴木崇夫

倫理学の根本問題は、していいこととわるいこととを分かつ基準となる原則は何か、という問題です。ただし、人間の行うことのよしあしについての判断、つまり行為の善悪についての判断がすべて、道徳的観点から下されるわけではありません。では、道徳的観点から下される判断（以下、道徳的判断と呼ぶ）とは、どのような判断のことを言うのでしょうか。トゥーゲントハットの考え方に添いながら、まずこの点を確認してみましょう。

ある行為について「……するのがよい（……すべきである）」あるいは「……するのはわるい（……すべきでない）」と述べられるとき、この「よい／わるい」という表現については、少なくとも五つの意味を区別しておく必要があります。その五つの意味の違いは、行為について善悪の判断を下す際の以下の五つの観点の違いに対応しています。

第一の観点は、人間の行為を《目的―手段》の枠組みでとらえ、ある目的を実現するうえでその行為が手段として「役に立つ」かどうかという基準に照らして行為の善悪を判断します。たとえば、搭乗予定の飛行機の離陸時間が近づているのに私が、見送りに来た友だちとの会話に夢中になっていたら、「もう出発ゲートに向かったほうがよい」とその友だちは私に言ってくれるでしょう。この発言は、「もし君がその飛行機に乗りたいと思うのなら」ということを暗黙のうちに前提しています。この場合の「よい」という言葉は、「役に立つ」以外にも、「理に適《かな》っている」、「合理的である」、「賢明である」、「得策である」等の表現によって言い換えることのできる意味をもっています。

第二の観点は、《法律》を準拠枠にして行為の善悪を判断するものであり、この場合、「よい」は「合法的である」を、「わるい」は「違法である」をそれぞれ意味します。例としては、「ビザがないのに日本にいるのはわるいことだ」といった発言をあげることができます。

第三の観点における準拠枠は、《帰属社会の伝統的な社会慣習》とでも言うべきものであり、一般に礼儀作法とかエチケットとか呼ばれているルールがこれに相当します。この観点から「わるい」と呼ばれる行為は、「無作法な」あるいは「下品な」行為にほかなりません。たとえば、食事のときに茶碗を手に持たないでテーブルの上に置いたままご飯を箸で食べるのは、日本という社会に属している者にとってはよくないことです。

第四の観点による善悪の判断は、《個人的好悪》の表明です。好悪とは好き嫌いのことですから、たとえば「私は温泉よりもディズニーランドに行くほうがいい」という判断の意味は、「私は温泉よりもディズニーランドに行くことが好き」ということ以上でも以下でもないわけです。

ここで注目する必要があるのは、これら四つの場合では、行為の善悪が特定の参照基準――特定の目的、特定の法律、特定の社会慣習、特定の人物の特定の好悪――との相関において判定されているということです。この点で、たとえば「拷問はわるい」とか、「人種差別はわるい」とか、あるいはもっと身近な例をあげるなら「生徒を依怙《えこ》贔屓《ひいき》するのはよくない」といった判断は、ちがった性格をもつ可能性があります。

たとえば拷問は、自白を得るという目的を達成するための手段としてはよい行為であると言わざるをえません。また法律がそれを認めており、社会慣習上もそれがわるいことだとは一般に考えられていないような社会も、かつては珍しくなかったですし、今でもまだ存在するかもしれません。つまり、そういう社会では、「あやしい奴はちょっと痛めつけてやれ」といった感じで、法律的にみても社会慣習上も、状況次第で拷問はよいこととみなされます。しかも、人によっては他人に苦痛を与える行為に抵抗をおぼえないどころか、加虐行為に対して強い嗜好をもつ者もいます。そうした人間の個人的な好悪の観点からみれば、快感をもたらすのですから、拷問はよい行為であることになります。

いま仮に、「拷問はよい」と、第一、第二、第三、第四のどの観点からみても言うことができてしまうような状況にあなたが置かれているとしましょう。そのときにあなたが、「それでも拷問はわるい」と考えるとしたら、あなたはこの四つの観点のどれにも還元できない、それらとは異質な観点から善悪の判断を下していることになります。ここで浮き彫りになってきている第五の観点は、それ以外の観点とどこがちがうのでしょうか。大きなちがいは、第五の観点以外の観点がすべて特定の準拠枠を条件として前提しているのに対して、第五の観点は《無条件に》善悪の判断を下しているということです。つまり、第五の観点から善悪の判断を下すとき、その判断主体は自分のその判断を、いつでもどこでも誰に対してもあてはまるべきものとして、つまり普遍妥当性をもつべきものとして考えているわけです。

道徳的判断とは、行為の善悪についてのこうした《端的な》判断のことを意味しています。ちょっと難しい言い方を許していただければ、人と人との抜き差しならない関係のなかで現実に行為を択び取って日々を生きているその判断主体当人の第一人称的視点に即するかぎり、道徳的判断は、本来であれば場所や時間を超えて人間である以上誰もが従うべきはずのものとして本人に意識されているとみることができます。この第五の観点が、道徳的観点ということになります。日常生活でも、「人としてすべきである」あるいは「人としてすべきではない」という表現を用いることがありますが、そのとき私たちは道徳的観点に立っているとみることができます。

いま「判断主体当人の第一人称的視点」という堅苦しい言い方をあえてしたのには理由があります。まず、たとえば文化人類学者が異文化理解の一環としてある文化圏の道徳体系を調査するような場合には、学者自身はその道徳体系の外側にいて、第三者的視点からそれに関わりをもつことになります。また、拷問は道徳的観点からみてわるいことだ、とある人が判断しても（第一人称的観点からの判断）、その判断をほかの人が現実に共有してくれるとはかぎりません。拷問はかならずしもわるくない、と考える人は日本でも一定数います。拷問にかぎらず、人種差別や依怙贔屓についても、それをわるいことだとは考えない人が現実に存在します。つまり、どんな道徳的判断も、万人が認めるという意味での普遍妥当性はもたないかもしれません。道徳判断の普遍妥当性とは、あくまで、普遍妥当性の要求ということなのです。これについては、あとでまた触れることにします。

道徳的観点というものが私たちの日常生活に、本人にもそれと自覚されないままにどれほど深く浸透しているかは、私たちの感情生活に着目してみることで顕在化させることができます。私たちの感情の多くは、単なる身体の生理的状態によって引き起こされるのではなく、むしろ論理上それに先行する何らかの価値判断に根ざしています。しかも、そのうちのある種のものは、道徳的な判断にもとづいています。

ついこのあいだ実際に私が体験したことを例にあげて、このことを説明してみます。少し遅めの時間に電車で帰宅途中のことでした。人のまばらな車内に大柄な外国人女性が乗ってきて、向かい側の席に座りました。ちょっとすると、横のほうから何かぶつぶつ言う男性の声が耳に入ってきました。向かいの外国人女性の身体的特徴を揶揄するようなことを聞こえよがしに言っているのです。驚き、かつ腹が立ちました。その女性は、膝に置いた本に目を落としています。話し声はやみません。酔っぱらってでもいるのかと思って声のするほうに顔を向けると、一見したところ思慮も分別もありそうな初老の男性です。その男性と私とのあいだには中年の女性が座っていて、男性の話に頷きながら含み笑いをしているのです。男性は外国人女性を指差してさえいます。その様子が目に入ったとき、私の腹立ちは頂点に達し、思わず「そういう話はやめてもらえますか」とその男性に向かって言っていました。カチンときたわけです。カチンときた、とはこの場合、トゥーゲントハットの言い方では「憤る」、「憤慨する」ということです。「こんなことは人としてすべきでない」と、私はそのときに判断したのです。そう判断するとき私は、本来ならば誰もがそうした判断に従って行為すべきだという普遍妥当性の要求を暗にその判断にこめているとみることができます。そういう道徳的観点に立って判断したからこそ、自分が傷つけられているわけでも、自分が不利益を被《こうむ》っているわけでもないにもかかわらず、憤りの感情にとらわれたわけです。

さて、これら五つの観点は、現実においては微妙に交錯している場合が多いと思います。それにしても、混同は避けるべきだと考えます。まず、第三の観点と第五の観点とを重ね合わせてしまっている人が少なくありません。そういう人は、自分がたまたま慣れ親しんでいる生活様式に反した振舞いをする人間を否定的に見がちです。たとえば、韓国での食事のマナーは、さきほど第三の観点の例としてあげた日本での食事のマナーとは逆になっているようです。食事中に茶碗や皿を手に持つことはマナー違反なのです。ご飯を箸ではなくスプーンで掬《すく》って食べる習慣も、これと関係するのでしょう。身体感覚と深く結びついているこうした社会慣習の場合、その差異は、どうしても直接的な違和感を呼び起こしがちです。しかし、だからといって、おたがいに相手を人として見下し合うようなことにまでいたるとしたら、愚かと言うほかありません。第三の観点と第五の観点とを区別しないということは、衣食住にかかわる自分たちの伝統的な社会慣習に違反している人間を「道徳的にわるい人間」、つまり「人として許せない人間」とみなしかねないということです。文化的少数者に対する差別や、文化を異にする集団間の抗争を引き起こす原因の一つは、そういう態度にあります。

また、第二の観点と第五の観点とが対立せざるをえない場合も出てきます。たとえば、かつてのアメリカやナチス・ドイツに存在した人種差別的な法律を、現代人の多くは第五の道徳的観点から「わるい」法律とみなすでしょう。ナチの強制収容所で亡くなったアンネ・フランクのことは日本でも有名であり、フランク一家を屋根裏部屋にかくまってその生活の面倒をみていたオランダ人たちの勇気と人間愛を称賛する人は多いと思います。しかし、彼らの行為は、当時の社会体制のもとでは違法であり、第二の観点からはわるい行為なのです。したがって、悪法が存在する社会で生きるときには、「悪法も法なり」と考えてその法を守るのか、あるいは自分の良心にもとづく道徳を優先するのか、難しい決断の前に立たされることになります。

体験談を続けると、次の駅で中年の女性は電車を降りました。男性は、私のほうは見ずに正面を向いたまま、「あなたはご立派な人だ」とか「ひそひそ話をしてもいけないのか」とか言っています。ひそひそ話にしてはずいぶんと大きな声を出していましたが、外国人だから言っていることはわからないだろうと高《たか》を括《くく》っていたということなのでしょうか。次は私が降りる番だったので、「あなたが人から同じように、体のことについてあげつらわれたらどんな気持ちがしますか。日本語がわかる人かもしれないんですよ」と答えてその場をあとにしました。

これは一見、トゥーゲントハットが本書で詳しく論じている道徳の基本原則、彼が「黄金律」と呼んでいる原則に立脚した発言のように思えます。「自分が人からしてほしいと思うことを人にもし、自分が人からしてほしくないと思うことは人にもしない」という言葉は、私たちにとっても馴染み深いものです。しかし、私が電車で初老の男性に向かって言ったことは、行為の道徳的善悪を判断する際のよりどころとして黄金律を使う場合にトゥーゲントハットが念頭に置いていることと完全に重なるわけでは、じつはありません。私の言い方だと、もし外国人女性が日本語を理解できず、したがって男性の言っているこ
とによって傷ついてはいなかったとしたら、男性はわるいことをしていないということになるからです。

しかし、私がそうであったように多くの人は、たとえ女性が男性の言動になんら痛痒《つうよう》を感じていなかったとしても、やはり憤ると思います。ということは、私たちが男性に憤りを感じる理由は、彼の言動が外国人女性に苦しみを与えているということ、その意味で彼の言動が「その女性にとってわるい」ということでは尽くされないわけです。なぜ憤るのかと問われるならば、そうした行為は「端的にわるい」からだとさしあたり答えるほかありません。すでに述べたように、トゥーゲントハット自身、道徳的判断について「無条件の」とか「端的な」という形容詞を用いています。

けれども、それだからと言って、トゥーゲントハットが一神教的信仰における絶対的な神やカント倫理学で想定されている絶対的な道徳性といったものを、道徳が成り立つための基盤として前提しているわけではありません。絶対的とは、ほかのものとの関係を離れてそれ自体で完結して存在できているという意味をもちます。すでにみたように、特定の準拠枠、ということはつまり、時代や場所や個々人が異なるのに応じてその内容がちがってくる準拠枠との相関関係においてしか善悪が定まらないと判断主体が考える判断から、そうした相対性を超えると判断主体が考える善悪の判断、つまり道徳的判断を区別しようとするかぎりにおいて、道徳的判断の特徴を指し示す表現としてトゥーゲントハットは「無条件の」あるいは「端的な」という言葉を用いているのです。

少し専門的な話になりますが、ここで、倫理学説としてみた場合のトゥーゲントハットの倫理思想の特色について、手短に触れておきます。トゥーゲントハットは別の著作で、自分の倫理思想が依拠する原理を、「形而上学的前提を取り払ったうえでの定言命法の原理」と呼んでいます。定言命法とは、この場合、道徳の根本原則のことを指しています。彼は、個々の人間の「利害関心」（英語ではインタレストという語に相当する）にどのようにしても還元することのできない何か特定の超越的な——つまり、感覚器官に依拠するふつうの経験を超えている——自体的存在を倫理の基底に据えることに反対します。利害関心と訳した言葉は、トゥーゲントハットによって、身体的欲求も精神的欲求もともに含むとてもゆるやかな意味で用いられているので、文脈によって欲求、欲望、願望、願い、望み、希求等々、いろいろな意味で受けとめることができます。けれども、純粋実践理性が直接に意志を決定できるという、カント倫理学の根幹をなす可能性については、彼はこれを否定しています。ここで言われる「直接に」は、インタレストを媒介せずに、という意味だからです。したがって彼は、インタレストの充足を動機とする行為が道徳的価値をもちうることを、カントとはちがって、認めることになります。

道徳的規範は人間が社会において共に生きていくための規則であり、そうした規則の基盤は個々の人間のインタレストであり、またその規則の普遍妥当性は、その規則によって保護されるインタレストが、特定の「私」や「あなた」を超えた任意の誰にとっても納得できるはずのものであるという公平性にもっぱら由来するのだ、というのがトゥーゲントハットの考えなのです。

「形而上学的前提を取り払ったうえでの定言命法の原理」の内容についてその要点だけを述べるならば、トゥーゲントハットは、「人間を目的自体として尊重せよ」というカントによる定言命法の第二定式を、「その人間の目的に配慮せよ」と読み替え、また、定言命法の基本定式については、「あらゆる人がそのように行為することを任意の誰もが意欲するであろうような、そういうしかたで誰に対しても行為せよ」という代案を提示しています。ここで着目する必要があるのは、「任意の誰もが」であって「私が」ではないということです。

本書で黄金律と呼ばれているのは、この原理をわかりやすく表現したものとみてよいでしょう。ここで、電車内での私の体験に話を戻します。「人から自分の体のことをあげつらわれると、そうされた人は精神的な苦痛を被るから、そういうことをするのはわるいことだ」という主張だと、「相手が日本語を理解できないなら精神的苦痛を感じないので、自分はなにもわるいことはしていない」という反論がたしかに可能となります。ですから、電車での男性の言動に対する憤りのもとにある道徳的判断を黄金律の定式に即して表現するならば、「自分が人から見下されたり侮辱されたりしたくないと思うのなら、あなたも人に対してそんなことはしないように」ということになります。ただし、これに対してさらに、「いや、私は人からそうされても平気だから、したいときは人に対してそうする」と反論する人が出てくる可能性があります。だからこそ、トゥーゲントハットが提案する定言命法では、「私が」ではなく「任意の誰もが」という表現が用いられているのです。

最後に、紙幅の関係で、倫理学についての一定の知識を前提とした書き方になってしまいますが、トゥーゲントハットの倫理思想の特色について四つのことを記しておきたいと思います。

まず、「あらゆる人がそのように行為することを任意の誰もが意欲するであろうような、そういうしかたで誰に対しても行為せよ」という定言命法が含意することについて、義務のア・プリオリ主義に由来するカント自身の見解との違いという面から二つの事柄を指摘します。第一点は、不完全義務（積極的義務）に対する完全義務（消極的義務）の優位は絶対的なものではない、ということです。本書であげられている例に即して言えば、ナイフを手にした男によって誰かが殺されてしまうかもしれないような極限的状況では、人を苦しみから救う義務のほうを嘘をついてはならないという義務に優先させてよい場合がある、ということになります。生命倫理でよく論じられる安楽死の是非の問題にこのことをあてはめると、人を苦しみから救う義務に従って安楽死を施すことが殺人の禁止の義務よりも優先されてよい場合がある、ということになります。第二点は、「人にとって一般に何がいやなこと、わざわいであり、何が好ましいこと、よきことであるのか」という点についての、また「それら種々の基本的インタレスト間の軽重の序列にかんして人が一般にいだいている了解」についての見識が、ということはつまり、心理学的・人間学的な事実についての経験的知識が、道徳的判断の重要な基盤の一つになる、ということです。

第二に、そのような定言命法の原理に立脚するということは、形而上学的前提のうえに成り立つ超越的倫理説を拒否すると同時に、共同体主義的倫理説や、共感倫理説、功利主義的倫理説とは一線を画するということを意味しています。こうした一連の専門的用語は、「あとがき」でも述べたように、本書にはいっさい出てきません。しかし、それぞれの倫理学説に対するトゥーゲントハットの批判的見解は、本書からも読み取れるようになっています。

本書で超越的倫理説を体現しているのは、信心深いグローリアです。彼女にとって、道徳的規則が規範として拘束力をもつのは、それが神によって命じられているからです。グローリアに対してセバスティアンが応えた言葉、「人間がみんな神を信じているわけじゃないんだよ」は、トゥーゲントハットが超越的倫理説を採らない理由をごく簡潔に表現しています。

国家などの共同体を個人よりも優位に置くような種類の共同体主義的倫理説はもとより、それぞれの共同体に固有の伝統的な価値意識といったものを重視し、さらにそれが共同体のメンバー全員によって共有されることを理想視するするたぐいの共同体主義的倫理説も、トゥーゲントハットの倫理思想とは相容れません。このことは、行為の善悪にかんして第三の観点と第五の観点とを切り分けている点にもあらわれています。繰り返しになりますがトゥーゲントハットは、道徳の規則と帰属社会の伝統的な社会慣習とを区別したうえで、道徳の規則を、社会において人間が共に生きるために必要な最小限の規則とみなしています。この規則によって成り立っている社会のなかでどう生きていくのかは、各個人の裁量にゆだねられています。道徳的規則を守りさえすれば、たとえば特定の宗教的信念に従って生きることも、無神論者として生きることも、本人の自由なのです。本書の最終章での言い方を引くなら、「道徳的な規範というのは、人が踏み越えてはならない境界線を定めているものだ。そして、自分の人生の意味は、それぞれの人がその境界線の内側で見出していかなければならないんだ」ということになります。

共感倫理説については、本書の第七章でその限界が説かれています。規範体系としての普遍性をもつべき道徳を本能としての感情にもとづけることはできない、というのがトゥーゲントハットの考えです。感情は、それが及びうる対象の範囲に限界があり、また選り好みとか愛憎の反転といった不安定さから免れられないからです。

功利主義倫理説をことさら主題とする議論が展開されている箇所は本書にはありません。ほかの著作での論述によれば、功利主義倫理説の難点をトゥーゲントハットは、社会全体の効用・幸福ということのほうが個々人のインタレストよりも優先される場合を功利主義倫理説は原理上認めざるをえない、という点にみています。これとちがって、トゥーゲントハットが依拠する道徳原則では、基本的なインタレストの充足を平等に保障される個人の権利が基本に据えられています。ちなみに、他者に対する義務は、他者のそうした権利に私の側で呼応するものであることは、本書でも述べられています。

功利主義倫理説に対する批判的立場が示されている箇所を本書から一つ取り出してみましょう。第七章の終わりのところで戦争の問題が論じられています。ほかの国の国民に対する憎しみを掻き立てるようなことは、戦争につながりかねないのでとても危険なことだ、と言ったあとでモンタ先生は、「でも問題はそれにとどまりません。民衆を煽り立てるようなことは、戦争になるかならないかという結果とは無関係に、それ自体として道徳に反することでもあるんですよ」（傍点は引用者）と断言します。この論点を戦争そのものにあてはめるなら、戦争が悪であるのは、その結果として不幸な目にあう人が多数出るからだ、とだけ言って済ますわけにはいかなくなります。なぜなら、それだと、もしかりに戦争によって多くの人の幸福が維持ないし増大する場合があるなら、その戦争についてはよいことだと主張できることになるからです。現に日本では、指導的立場にある政治家がこうした判断を公言しています。トゥーゲントハットが、一定の留保を加えながらも高く評価するカントは『永遠平和論』のなかで、国家が国民を戦場に駆り出すことの悪を、その結果とは無関係に、「人格のうちなる人間性の権利」に反する点に見定めています。カントにとって、「人を殺すために、あるいは人に殺されるために」国民を徴兵することは、「人間を単なる機会や道具として」国家が使用することにほかならないからです。

第三に指摘しておきたいのは、道徳的規範が以上のようなものであるとするならば、万人に承認されるような一義的決定を可能にするものであるかのように定言命法つまり道徳原則を考えてはならないということです。本書でも、たとえば、病気の子どもの命を救うためにほかに方法がなければ親はその薬を盗んでもかまわないのかどうかという問題、あるいは、配偶者に知られなければ浮気をしてもかまわないのかどうかという問題について、定言命法を適用すれば自動的に一つの答えが出てくるわけではないことが示されています。

第四に、トゥーゲントハットの考えによれば、「いったいなぜ私は道徳的でなければならないのか」という問いに対する肯定的な解答を絶対的に基礎づけるなどはもともと不可能なのであり、そもそも道徳的観点に立つかどうかも、究極的には「私はそうすることを望む」という個々の人間の意欲にゆだねられるほかないことなのです。このこともトゥーゲントハットは本書にしっかり書きこんでいます。

道徳の基盤とはじつはそれほどにあやういものなのだという自覚の徹底こそが、陰に陽に超越的原理（権威）に訴えかけて道徳的規範の絶対性を確保しようとする試みよりも、むしろ個々人の道徳的覚醒にとって大切なのだ、とトゥーゲントハットは考えているのでしょう。公共的空間における独善的な価値設定が往々にしてもたらしがちな人間的現実

――抑圧、強制、抗争、あるいは、自己欺瞞、道徳のお題目化――、道徳的であろうとすることに対する反感や無関心や絶望に導きかねないこうした現実的弊害をみるにつけても、トゥーゲントハットの倫理思想に取り組むことの意味は大きいと思います。

訳者あとがき

「道徳」という言葉をこの国で口にするのは、そうたやすいことではありません。少なくとも私はそうです。哲学の重要な一分野として倫理学というものがあります。道徳を哲学的に考察する学問です。哲学の担当教員として、大学でこの倫理学にかかわる授業をする身であってさえ、学生を前にして何の保留もなくこの言葉を使うのはむずかしい。なぜなら、この言葉によって学生たちがイメージする事柄と、自分が論じようとしている事柄とのあいだには、何か本質的な違いがあるような気がしてならないからです。ひとことで言ってしまえば、「道徳？　偉そうなお説教じゃん」というのが、学生をはじめとした多くの日本人の最大公約数的な理解であるように思えるのです。

偉そうなことを押しつけてくる、という言い方は二つのことを意味しているとみることができます。第一に、道徳はふつうの人間には実行できない自己犠牲的な行いを要求する、ということです。たとえば、マザー・テレサの名前は日本でも知られています。インドの貧民街に住んで、行き倒れて路上で死を迎えるしかない病人や老人を看取《みと》る活動に生涯を捧げたと言われている人です。彼女の行いが立派であることはたいていの人が認めます。しかし、そういう立派なことを実行するのは自分には無理だと多くの人が考えています。その無理なことをやれと命じるのが道徳だ、と一般に理解されているようなのです。しかも、そういう道徳を説く人に対しては、自分にできもしないことを人に向かって命じる偽善者だ、という眼差しがひそかに向けられることになります。

偉そうなことを押しつけてくる、という表現が含んでいる第二の意味は、道徳は外から強制されるものである、ということです。それを強制するのは、たとえば親であり教師であり、あるいは世間であり国家であり、はたまた聖職者であったり神仏であったりするわけです。強制、と言う以上、従いたくないとどこかで思っている。にもかかわらずその指示や命令を受け入れるのは、強制するもの（人、組織、制度、神仏）が、正面切って歯向かえないだけの力をそなえているからです。つまり、それが「権威」だからです。権威の言うことは正しいように思えるところもあるし、かといって何か釈然としない気持ちも残る。つまり、心底《しんそこ》納得できているわけではないのです。けれども、従わなければ叱られたり、罰をくらったり、あるいは仲間外れにされたりと、結局自分に不利益が及ぶから、仕方なくそれに従うことになります（そして、歳をとって自分が親や上司になると、今度は自分が権威の側に立つことになります)。

ふつうの人間が実行できないような行動規則を権威が強制すること、それが道徳だ、という道徳観を本書の著者は、はっきりと否定します。著者によれば、道徳は、「聖人」のように生きることを求めてはいないし、また、権威が押しつけてくるものでもありません。人々が社会において共存できるための最低限のルールが道徳的規則であり、そういう規則が存在することを望んでいるのはじつは私たち自身なのだ。こう著者は考えます。

そういう意味での道徳について、本書は日常のごく身近な出来事を例にとりながら、一つひとつ丁寧に段階を踏んで論じています。しかも、まじめに取り組む気さえあれば、中学生でもちゃんと理解できるような文章と構成によってそうしています。冒頭で、道徳について哲学的に考察する学問が倫理学だと書きました。この場合、「哲学的」とは、道徳についての誰かの意見をそのまま鵜呑《うの》みにしたり、また逆に、自分とはちがう意見をはじめから拒否したりはしないということを、まずは意味しています。権威や常識によって正しいとされていること、あるいは、正しいと自分が信じていることについて、それがほんとうに正しいと言えるのかどうか、あらためてよく考えてみるということです。本書に登場してくる生徒や親や先生たちは、その意味でじつに哲学的であると言えます。

生徒たちは、家庭環境も性格も異なり、当然、考え方や感じ方もそれぞれちがっています。しかし、道徳にかかわる問題に正面から取り組む姿勢を皆がもっています。正面から取り組む、とは、率直に自分の考えを述べ、わからないことはわからないと言い、ほかの人間の発言内容にしっかりと耳を傾け、それを参考にしながら自分の考えがほんとうに正しいのかどうかをあらためて考えなおしてみる、ということです。親も先生も、同じです。本書では先生も自分の考えをはっきり述べます。しかし、それを生徒に一方的に押しつけようとは思っていませんし、また生徒たちも、そういうふうには受けとめません。

哲学的な対話というのは、おたがいがただ自分の考えを述べ合うだけで終わるものではありません。自分がそう考える理由・根拠を自分自身にも対話の相手にもできるだけはっきりさせて、それが説得力をもつ適切なものであるかどうかをおたがいに吟味し合ってみるという作業なのです。実際、本書中には、「なぜ?」、「どうして?」で始まる疑問文、それに、まだよく理解でいないのでもっと説明してほしいという依頼文が頻出します。ここには、ちょっと大げさな言い方に聞こえるとは思いますが、真理というものに対する信頼と希求があります。性格や感情や好き嫌いなどの違い、あるいは損得の対立を超えたところに、人間を結びつける何か普遍的なものがあるはずだ、それに触れることで自分の人生もよりいっそう充実したものになるはずだ、という思いです。

ゼミの学生たちに訊いてみると、日本の学校における道徳教育は、そういう哲学的な営みとはまったく逆である場合が少なくないようです。「道徳」の授業は、教員や教科書が暗に求めている答えを察してそれを発言したり書いたりする時間だった、というのです。今年（二〇一五年）の三月、道徳が小中学校で教科化されることが決まりました。もしその道徳の授業が、特定の既成の徳目を一方的に教え込むものだとしたら、道徳にとっても倫理学にとっても致命的な事態となってしまうでしょう。

ところで、従来も、倫理学の入門書はたくさんありました。アリストレスの徳倫理説やカントの義務倫理説、ベンサムの功利主義倫理説、等々についてその要点を記した本です。この種の本は、むしろ倫理学説への入門書、あるいは倫理学史への入門書と呼んだほうがよいでしょう。それに飽き足らずに、倫理学そのものへの導入をこころざしたものもありますが、こちらも日々の生活を営むうえで避けて通れない事柄としての道徳そのものに焦点を合わせているわけではかならずしもありません。一方で、非日常的な想像上の問題状況を例にして倫理学上の問題をめぐる思考へと誘おうとする本があります。他方で、道徳にかかわる問題から説き起こしてはいるが、それはあくまで取っ掛かりにすぎず、主眼はむしろ哲学的なテーマの探究にあるという本も目にします。どちらも、倫理学や哲学にもともと興味があり、それなりの知識ももっている人には知的刺激を与えてくれるものです。しかし、日本に住む大多数の人たち、つまり、「哲学？　難しそう」、「倫理学？　めんどくさそう」という反応を示す人たちにとっては、じつのところ読みすすむのが困難な内容と文章である場合がほとんどであるように思われます。そういう人たちの関心と理解力に最後まで寄り添いながら粘り強く一歩一歩議論を深めていくような倫理学の本は、ありそうでじつはなかなか出会うことができないのです。そうした稀有な書物が、本書『ぼくたちの倫理学教室』です。

実際、この本には、哲学者や倫理学者の名前がいっさい出てきません。つまり、「誰それが、何々という概念を用いて、こういうことを考えました」式の文章はまったく存在しないのです。あえて言えば、黄金律についての説明に際してイエスに言及した箇所があるので、イエスを哲学者ないし倫理学者とみなすならば、そこだけが唯一の例外だということになります。

興味のある方に向けて、本書の主著者であるエルンスト・トゥーゲントハットの略歴を紹介しておきます。

彼は、一九三〇年にチェコスロバキア（当時）のブリュンで、ユダヤ人を両親として生まれました。ナチの手を逃れて家族とともに、一九三八年にはスイスへ、さらに一九四一年には南米のベネズエラに移住しました。第二次世界大戦後トゥーゲントハットは、アメリカ合衆国のスタンフォード大学で古典文献学を学んだのち、一九四九年に、ハイデガーのもとで哲学を研究するためにドイツへ渡ります。一九五六年にはアリストテレスについての研究によりフライブルク大学で哲学の博士号を得たあと、テュービンゲン大学で助手となり、一九六六年には、フッサールおよびハイデガーにおける真理概念を主題とする研究によって教授資格を取得しました。同年から一九七五年までハイデルベルク大学哲学科の教授職にあり、その後、一九八〇年までの五年間はマックス・プランク研究所（正式名称「科学的・技術的世界における生の諸条件にかんする研究のためのマックス・プランク研究所」）に属して法的規範の道徳的根拠づけをめぐる共同研究に携わりました。一九八〇年にベルリン自由大学の教授に就任し、そこで一九九二年まで哲学を講じました。その後は、チリのサンティアゴに居を移し、同地で客員教授を務めています。一九九九年にはテュービンゲン大学から名誉教授号を贈られ、現在はテュービンゲンに住んでいます。

トゥーゲントハットの研究活動は、古代ギリシア哲学、近世の現象学、現代の分析哲学を包括しており、また、理論哲学と実践哲学の両領域に及んでいます。しかも、それらのどの分野においても、従来の研究状況を根本から組み替えるような独創的な貢献を果たしていています。これが訳者の単なる身びいきではなく、実際にトゥーゲントハットの声望が世界的に高いことは、リチャード・ローティとレヴィ＝ストロースにひきつづいて二〇〇五年にマイスター・エックハルト賞を授与された事実にも見て取ることができます。

日本語に翻訳されている著作としては、一九八三年にレクラムから出版された*Logisch-semantische Propädeutik*があります（鈴木崇夫・石川求訳『論理哲学入門』哲書房、一九九三年）。その「訳者あとがき」にも書いたことですが、一九七〇年代のトゥーゲントハットは、ヨーロッパの伝統的哲学と英米系の現代分析哲学との双方に精通している数少ない本格的研究者として日本でもその名が知られていました。当時（部分的には今でも）、伝統的哲学の研究者と分析哲学の研究者とのあいだには、たいていは相互の無理解によるものですが、ある種の反目が根強くありました。分析哲学は科学論や論理学との関連において一定の有効性をもつにしても哲学本来の根本テーマについてはそれを見失っているのだ、と伝統的哲学の研究者の多くは分析哲学を非難し、他方、伝統的哲学が取り組んできたテーマのほとんどは言語の意味論的構造についての無知にもとづく疑似問題にすぎないのだ、と分析哲学の研究者の多くは伝統的哲学を批判していたのです。

それに対してトゥーゲントハットは、分析哲学の方法や概念装置は、哲学が伝統的に主題化してきたテーマを正当に継承し発展させていくためにこそ生み出されてきたのだと考えます。彼によれば、哲学の諸問題を取り扱ううえで従来の哲学の道具立ての多くは不適切あるいは不十分であり、そのためにはむしろ分析哲学において達成されている手法こそが有効なのです。こうした見方の適否はおくとしても、伝統的哲学の根本概念、たとえば、存在、対象、ア・プリオリ、理性、同一性、自己意識、自己関係性、意志の自由、等々について犀利な分析を展開したトゥーゲントハットによって、ヨーロッパの伝統的哲学と英米の分析哲学とは、その最良の核心部において架橋されたとは言えると思います。

一九八〇年代に入るとトゥーゲントハットの仕事の軸足は倫理学の分野に移っていきます。今回訳出した二〇〇〇年出版の *Wie sollen wir handeln? Schülergespräche über Moral*（直訳すると『どのように行為すべきなのか？　道徳についての生徒たちの会話』）は、倫理学の原理的諸問題を扱ったそれ以前の一連の著作や論文の集大成をなしているとみることができます。読者としてさしあたり念頭に置かれているのは、日本でいえば中学生に相当する年齢の若者たちであり、道徳および倫理学への入門書の体裁をとっています。とはいえこの著作は、理論的分野での『論理哲学入門』同様に、単に問題の表層をなぞるだけのありきたりの入門書でも、すでに述べたように、入門と銘打ちながらも実際は専門家を意識したどっちつかずの概説書でもありません。それが「入門書」であるのは、じっくりと議論を追い、みずから粘り強く考えていくならば、たとえ倫理学や哲学についてまったく知識がなくても、事柄の核心に無理なく導かれるよう配慮されているという意味においてそうなのです。身近な例に即しながら平易な文章で綴られているその内容は、道徳の根幹をめぐる緻密な専門的研究を踏まえたものであり、倫理学上の重要な論争点に対するトゥーゲントハット独自の見解が随所にちりばめられています。したがって、倫理学に造詣の深い人にとっても、じつに興味深い、読み応えのある内容をそなえています。

なお、本書は、もともとは、トゥーゲントハットがチリのサンティアゴに住んでいた時期に、C・ロペス、A・M・ビクーニャとスペイン語で共同執筆され、一九九八年に当地で出版されました。ロペスとビクーニャは、当時、中学・高校の生徒に対する倫理教育にも携わっていました。今回訳出しなかった短い「序文」によると、思想内容および議論展開についてはトゥーゲントハットが責任をもち、筋立てや会話の部分についてロペスとビクーニャが執筆に協力したとのことです。そのスペイン語版に一部修正を加えたものをR・シュヴェムラーがドイツ語に翻訳し、その原稿にトゥーゲントハット自身が手を入れてできあがったのが、伝統と定評のあるレクラム文庫の一冊として出版されたドイツ語版です。本書は、これを底本としました。

このようにドイツ語版は、スペイン語版の単なる翻訳ではなく、それ自体で独立した一つの著作なわけですが、両国の文化的・社会的背景の違いを読者が心に留めておけるようにとの配慮から、人名はあえてスペイン語圏のものが踏襲されています。チリでは、一九七〇年にアジェンデが率いる社会主義政権が誕生しましたが、七三年には軍部がクーデターによって権力を掌握したため、以後九〇年に民政に移行するまで軍事政権が続きました。この国のいわば激動と苦悩の歴史について本書で直接に言及されることはありません。けれども、少年犯罪や、拷問、誘拐、貧困などの問題に対する生徒たちの思いの切実さには、そうした社会的背景が控えているとみてよいように思います。ごくまっとうな中産階級の生活を送っているカミラが、終身刑に服していた伯父のことを思う場面がありますが、もしかするとこの伯父は政治犯として投獄されていたのかもしれません。

本書の翻訳作業は、学生のドイツ語の勉強をかねて十年ほど前に始めた読書会に端を発しています。読書会開始当時の参加学生は、大村瑛美さんと渡邉璃衣さんであり、その後、卒業生と在校生との入れ替わりも含めて、武藤亜佐子さん、武田真純さん、天羽咲貴さん、山田里奈さんが参加してくれました。読書会は七年ほど続けて、そのあいだに大学の紀要（『清泉女子大学人文科学研究所紀要』）に一年に一章のペースで第六章までを訳出しました。私が三年ほど前に在外研究で一年間日本を離れた時期以降、日々の仕事にかまけて、読書会は中断したままになっています。その後、紀要に第七章の翻訳を掲載したあとで、平凡社新書から本書を出版していただけることになりました。この夏休みのあいだに第八章から第十章までを訳して、なんとか一冊の書物として世に出ることになった次第です。平凡社への橋渡しは、中央学院大学の馬渕浩二さんが担ってくださいました。それを受けて当時平凡新書編集長の保科孝夫さんが出版を快諾してくださり、出版まで何かとお世話いただきました。この場をかりて、お二人には心からお礼を申しあげます。

また、できるだけ平易で日常的な日本語表現にするという視点から、翻訳原稿を、哲学ゼミの卒業生である増田紘子さんと福谷彩さん、それに現ゼミ生の加賀谷幸さんに読んでいただき、それぞれ貴重な助言をいただきました。とくに増田さんは、文章の細部にまでチェックを入れていれてくださり、たいへん参考になりました。加賀谷さんには最終の校正作業にもご協力いただきました。また、現ゼミ生の高幡紗也香さんと中嶋知美さんには、原稿の一部をデータ入力していただきました。皆さんにあらためて感謝の言葉を申し述べたいと思います。ありがとうございました。

二〇一五年十二月四日

鈴木崇夫

【著者】

E. トゥーゲントハット（Ernst Tugendhat）

現代ドイツを代表する哲学者。1930年、チェコスロバキア、ブリュンのユダヤ人家庭に生まれる。その後、家族はナチの手を逃れ、スイス、次いでベネズエラに移住。戦後、アメリカのスタンフォード大学で学んだのち、1949年、ハイデガーのもとで哲学を研究するためにドイツへ。以後、ハイデルベルク大学、ベルリン自由大学などドイツで、さらにチリのサンティアゴで、哲学教授を務めた。現在はドイツ、テュービンゲン在住。邦訳書には『論理哲学入門』がある。

共著者のA. M. ビクーニャ（Ana M. Vicuña）とC. ロペス（Celso López）は、現在、チリの大学で哲学教授を務めている。

【訳者】

鈴木崇夫（すずき たかお）

1956年、宮城県生まれ。東北大学大学院文学研究科博士後期課程単位取得退学。現在、清泉女子大学教授。専攻は、ドイツを中心とした西洋近現代哲学。著書に、『生と死の現在』『倫理学の地図』（いずれも共著、ナカニシヤ出版）など、訳書に、トゥーゲントハット／ヴォルフ『論理哲学入門』（共訳、哲書房）、ヨナス『責任という原理』（共訳、東信堂）などがある。

平 凡 社 新 書 8 0 1

ぼくたちの倫理学教室

発行日――2016年1月15日　初版第1刷

著者――E. トゥーゲントハット
A. M. ビクーニャ
C. ロペス

訳者――鈴木崇夫

発行者――西田裕一

発行所――株式会社平凡社
東京都千代田区神田神保町3-29　〒101-0051
電話　東京（03）3230-6580［編集］
東京（03）3230-6572［営業］
振替　00180-0-29639

印刷・製本―株式会社東京印書館

装幀――菊地信義

ISBN978-4-582-85801-3
NDC分類番号134　新書判（17.2cm）　総ページ272
平凡社ホームページ　http://www.heibonsha.co.jp/